岩　波　現　代　文　庫

あしなが運動と玉井義臣

歴史社会学からの考察

(下)

副田義也

Yoshiya Soeda

社会 339

岩波書店

目　次

＊本書の引用箇所には、今日の観点からは問題のある表現も見られるが、当時の社会背景に鑑み、原文のままとした。

上巻目次

Ⅸ　教育運動家の自己発見

1　教育、教育家、教育運動家

玉井義臣という存在を第一義的に定義するならば、かれは社会運動家であるというべきだが、それをさらに具体性に富んだ日常行動レベルで限定するということになると、たがいに密接に関連しあう教育家と教育運動家という規定が考えられる。このばあい、教育とは、その本質が人間の成長をめざすはたらきかけであり、社会生活のなかでは学校制度とそれに関連する諸制度においていとなまれる集合行動のシステムである。交通遺児育英会の高校奨学生たち、大学奨学生たちの多くが、後述するつどいなどの行事において、玉井やかれの部下である若い運動家たち、同じ仲間の遺児たちと接触し、かれらの言動によってつよい影響をうけ、価値意識を変えられ、人によってはその後のライフ・コースを規定されたと意識している事実がある。さきにいった教育家と教育運動家という規定によっていえば、教育家としての玉井は個人として若者たちにはたらきかけ教育的影響力をおよぼしてきたし、教育運動家としてのかれは交通遺児育英会、交通遺児を励ます会などの運動を組織化して若者たちをまきこみ教育的影響力をおよぼしてきた。玉井は運動の経過のなかで、この事実を体験をつうじて次第に認識していった。

自らがつよい影響力をもつ教育家、教育運動家であるという認識は、玉井が岡嶋と出会い、交通遺児を励ます会に協力し、交通遺児育英会を組織してゆく過程で早い時期から明瞭にあったとはいいがたい。最初はかれは社会運動家としての自己認識をもちつつ、その運動の方向性としては、交通事故による被害者の救済や交通遺児家庭の生活問題の解決、ひいてはモータリゼーション批判を主として考えていた。交通遺児の教育問題自体は早くから意識されていたが、それは学費不足、生活費不足がもたらす進学の困難としてとらえられるものであり、遺児たちの人間性への直接的はたらきかけまでは考えられていなかった。いつごろから、玉井は、教育家、教育運動家としての自己認識をもつにいたったのであろうか。

「若者と話しあっていると、相手の目の色や表情が緊張をともなって変わってくる。何日かたつと、話しかたも行動もがらりと変化して、しっかりしてくる。自分の影響で若者が成長したのをみる歓びは、一度味わうと忘れられない。禁断の木の実の味わいだな」。

藤村修は、交通遺児育英会の事務局に勤務していたころ、玉井がこう語ったのを記憶している。藤村が事務局にいたのは一九七三年九月から七九年一〇月までのあいだであるから、交通遺児育英会が発足してから四、五年たったころには、玉井はそのような認識をもつにいたっていたのであろう。この科白は、いっぽうでは若者の人間的成長を賞でて喜ぶ気持の率直な表明である。このような純粋な喜びを感じとることができるところに教育家の資質の一端がうかがわれる。しかし、たほうでは、この科白には聞きようによっては傲慢な、あるいは厭味な響きがある。分析的にいえば、ひとの心を自由にあつかって楽しむ忌まわしさが、わずかであるが感じられるのだ。教育にはそういう両面があるらしい。藤村は、玉井の周囲に集まってきた若い運動家たちのうちでかれがもっとも信頼し愛した人物であったから、玉井もこれほどあけすけに喋ったのであろう。藤村は、この言葉についで私につぎのような感想をもらした。かれは、かれの影響力によって他人が変わるということになると、そのさきまで責任をもてないから困ると考えるほうであった。ところが、玉井さんは、自分の影響力で他人が変わったとしても、あとはそいつの能力で生きていきよるやろうと、無責任なんですよ。

玉井が若者たちにおよぼした影響力について、もう少し分析的に考えておきたい。この若者たちとは、第一に大学奨学生たち、高校奨学生たちであり、第二にかれの周囲に集まってきた若い社会運動家たちである。ここで第一に奨学生たちをあげるのは、玉井が若者たちにたいするかれの影響力が教育的な性質のものだと認識したのが、まず、奨学生たちとの関係においてであったからである。のちに、かれは、その自己認識をかれの部下となった若い運動家たちとの関係にもあてはめて考えるようになった。だから第二に運動家たちをあげたのだが、教育的影響力の行使それ自体は奨学生たちにたいしてより、運動家たち相手で先行していた。

さらにのちになって、「あしながおじさん」制度がはじまってから、玉井は、この制度の運営が、「あしながおじさん」となった人びとに、寄付活動をつうじて人間的成長の機会を提供する教育運動であると考えるようになった。そうして、ついには、交通遺児育英会の運動全体が、世論を対象にして、交通遺児家庭をはじめとして全死別遺児家庭救済、全ひとり親家庭救済の理念と方策の必要をうったえる教育＝啓蒙運動であるという見解に達した。これによって、教育家、教育運動家としてのかれの対象は、四層に区分されることになった。すなわち、(1)奨学生たち、(2)運動家たち、(3)「あしながおじさん」たち、(4)世論、である。

さて、本章は奨学生たちの教育を論じる。その教育は奨学生たちにたいする人間の成長をめざすはたらきかけであった。そこには、玉井からのはたらきかけ、かれの部下である若い運動家たちからのはたらきかけ、同じ奨学生仲間からのはたらきかけなどが区分されるが、ここでは、まず、その原基形態とでもいうべき教育家としての玉井のはたらきかけを多少分析的に考えてみる。

一般的にいって、教育の方法は二層をもっている。それは教育家の思想や理論を学習者につたえること、および、教育家の人格に属する価値意識とくに道徳を学習者につたえること、である。このばあい、思想や理論と人格は密接に関連しているが、本質的には別次元の存在であることが正しく認識されなければならない。深淵な思想や精緻な理論の持ち主が卓越した人格の持ち主でもあるはずだというのは、教育にかんする素朴な誤解のひとつである。大学という世界にいると、思想や理論はすぐれながら、つまり優秀な学者でありながら、人格は平凡、あるいはむしろ問題がある、はなはだしいばあいには品性下劣という事例をみかけることさえある。また、逆に高潔な人格の持ち主だが、研究者としては並みかそれ以下という例も少なくない。

教育にかんする私の考えかたを理解してもらおうと気がせいて、極端な例をもち出しすぎたかもしれない。もうひとつ、私自身の体験をひきあいに出そう。私は二〇代半ばから現在の六〇代半ばすぎまで大学の教師としてくらしてきた。そのあいだに多くの学生たちに教えた訳だが、かれらにおよぼした影響力について体験的・総合的に判断すると、それは私が若かった時代に相対的に大きく、私が加齢するにつれて相対的に低下していった。この事実を否定することはできない。しかし、私は社会学の研究者、教育者としては、それほどめざましくないにせよ、これまでのところ進歩してきている。つまり、研究と教育の両面において、私は若かった時代に相対的に未熟であり、のち相対的に次第に成熟していったのである。これらを考えあわせると、私のばあい、学生におよぼした影響力のすべてを、私の学識や教育技術によって説明することはできない。もちろん、それらの条件もその影響力の成立を部分的には支えてきただろう。しかし、若い教師であった私が学生たちにおよぼした影響力の大きい部分は、それらの条件とは区別されるなにかによって説明されるべきである。そのなにかをさきの説明では人格と呼んでみた。

しかし、そうすると、この人格とはなにだろう。これまでの説明の文脈から、二〇代、三〇代の教師であった私の人格が卓越していたとか、高潔であったというなら、本人が笑い出してしまう。それは断じてない。威張っていうことではないのだが。私のばあいで言葉をあまり選ばずにいえば、その人格とは、学生たちと共有していた若さ、その若さにもとづく感受性、同時代を生きる価値意識などであっただろうか。それらに支えられて、私が学生たちに語った言葉はかれらの心に滲透しやすく、私のかれらにたいする影響力は大きかったのだ。この説明を充分につくしたという自信はないが、教育の場における思想や理論と区別される人格のはたらきに注目してもらって、論議の本筋にもどる。

2 三つの人格特性

玉井義臣が多くの奨学生たちにおよぼした大きい教育的影響力は、かれの思想や理論とかれの人格の双方によって支えられているが、決定的な役割をはたしたのは思想や理論ではなく、人格であると私はみる。

かれは交通評論という新しい分野を開拓して、交通事故とモータリゼーションを新しい社会問題として告発し、文明批評におよんだ。それはジャーナリストの仕事として充分に独創的なものであったが、独自の深みと体系性をもった社会思想、社会理論を提示するにはいたっていない。その思想的限界、理論的限界の一端は、消費社会における消費者＝大衆の責任をとらえそこねたところで、すでに指摘しておいた。また、交通問題以外の領域におけるかれの思想は、伝統的倫理規範を現代的文脈でみなおす面白味はもっているものの、総じていえば平凡なものである。すでに紹介した敵討ちの思想にしても、これから紹介する恩と恩返しの思想、孝の思想にしても、そうである。あえていえば、かれのばあい、凡庸な思想であるにもかかわらず教育的効果があがったのか、それとも凡庸な思想であるがゆえに教育的効果があがったのか。いずれにせよ、かれの人格の特性に注目しなければならない。

さしあたって、三つの特性に注目しておこう。第一はカリスマ性である。社会学のテクニカル・タームとしてのカリスマは、マックス・ウェーバーが『支配の社会学』のなかで最初につかった。カリスマとは、ある人物の非日常的、超自然的特性、常人ではもちえない資質をさしている。ウェーバーは宗教世界に多くの例をとったが、宗教が極端に衰弱している現代日本の世俗文化でいえば、カリスマの資質は、たとえば英雄性、啓示的能力、弁舌力などである(マックス・ウェーバー、世良晃志郎訳『支配の社会学Ⅰ』創文社版、一九六〇年、四七ページ)。人びとはカリスマの持ち主を模範的な指導者とみなし、尊崇・畏敬して、その命令に服従する。カリスマ支配の典型例のひとつが偉大なイデオローグの支配である。

玉井は、交通遺児育英会の運動の指導者として決定的成功をおさめ、その運動の参加者にとってカリスマとなった。その成功ぶりについては、これまでに物語りが半ば以上をつたえているし、これからもさらに残りが語られる。交通遺児育英会を専務理事として率いた二四年間の、社会運動家としてのかれについて、私の言葉で一言で語れといわれるならば、天才的な社会運動家というほかはない。その戦略、戦術は独創的なひらめきにもとづき、あたえられた状況においてつねに最大限の効果をあげてきた。それらがもたらした業績をこれも一言で集約するならば、日本NGO史上最高の達成という故伊藤正孝の評言を再度引用するほかない。運動に自覚的に参加した人びとが、かれを模範的指導者とあおいで、尊崇、畏敬したのは当然のことであった。その典型例はⅦ章であつかった若い運動家たちにみられる。奨学生たちでも運動に主体的に参加した人びとは同じだった。かれらは若い日々に、運命としての玉井義臣に出逢ったのだ。

第二は父性である。社会心理学者、エーリッヒ・フロムは『愛するということ』のなかで、母性愛と父性愛の理念型を叙述した。ひとは誕生後、成長してゆくにあたって、母性愛と父性愛を必要とする。無力な存在である幼児は、まず母性愛を必要とする。それは「お前は私の子どもだから愛する」という無条件の愛である。子どもはその母の胎から生まれたという事実のみによって無条件に愛してもらえる。この母性愛があって、子どもは自らの生命を愛する人間になることができる。ついで社会化の過程で、子どもは父性愛を必要とする。それは「お前は良い子だから愛する」という条件つきの愛である。子どもはその父の価値基準による評価にかなうという条件のもとに愛してもらえる。この父性愛があって、子どもは他者との関係のなかで生きる人間となることができる(エーリッヒ・フロム、懸田克躬訳『愛するということ』紀伊国屋書店、一九五九年、五二―六二ページ)。

玉井は、交通遺児育英会の奨学生たちの多くにとって、父性の象徴的存在あるいは代理的存在であった。その奨学生たちの八〇%台から九〇%が母子家庭の子どもであったから、かれらに教育的なはたらきかけをおこなう主体は多分に父性的存在であることを求められるのが当然であった。玉井はそれをよく理解していた。かれは奨学生たちにとって父性的存在であることを積極的に引きうけた。そのさい、かれは父性的存在として奨学生たちにたいしてどのような評価基準でのぞんだか。交通遺児育英会の寄付行為＝会則には、その目的として

「社会有用の人材の育成」がうたわれていた。初代会長・永野重雄は、奨学生に期待する人間像として「暖かい心、広い視野、行動力」という特性をあげた。玉井は、これらに共感がつよかったようで、二つをあわせて、交通遺児育英会の教育理念は「暖かい心、広い視野、行動力を兼ねそなえた、社会有用の人材を育成する」ことだとくり返し語った。そのような人材になり得るか否か、これがさきの評価基準のいわば公式的表現である。

故伊藤正孝は、玉井義臣の人物を論じた前掲のインタビューで、社会運動家としての玉井をたかく評価したうえで、しかしその社会思想は基幹部分で保守的であるといった。かれはその証拠として、玉井がきわだって優秀な奨学生たちをキャリアの国家官僚、学者、五大全国紙やNHKなどの巨大メディアの記者の三つの道のいずれかにかならず進ませているといった。その後、玉井は国会議員、地方議員を育てることにもつよい関心をもつようになる。これらの志向を伊藤のように保守的と一括りにすることに私はただちには同意しないが、しかし、玉井の人材好みにエリーティズムの傾向が濃厚に見出されることは確かである。この基準は、きわだって優秀な連中以外のほかの奨学生たちにも適用される。かれらもそれぞれの能力と意欲によってどれほどの人材になり得るかで評価されるのである。

第三は遺児性である。交通遺児という言葉がつかわれるようになったいきさつについてはすでに述べたが、この言葉の語感にわずかにふれる。辞書的に定義をすれば、それは親の死後にのこされた子どもである。多くのケースでは、ひとりの親が死去し、ひとりの親は生き残っている。そのさい、子どもをまず死去した親との関係で規定すれば遺児となり、その子どもと生き残った親をあわせれば遺児家庭となる。これにたいして、子どもを生き残った親との関係で規定すればひとり親の子どもであり、その親子はあわせてひとり親家庭となる。軍国主義時代の日本においては、遺児という言葉のもっとも一般的な用法のひとつは、戦没した将兵の遺児であった。軍国の遺児、靖国の遺児。戦没は名誉の死とみなされたから、残された子どもは第一義的に死去した親との関係において定義されたのである。

敗戦後に広く一般化した戦災孤児の孤児という言葉は即物的で、遺児という言葉がもつ情感がない。なぜ、戦災遺児といわず、戦災孤児といったのか。それは戦災による死亡や行方不明によって両親を失っており、しかもその死などが、名誉とは無関係なもの、端的にいえば無意味な死や消滅であると、当時の日本人が考えたからだろう。そうして高度成長期がはじまり、モータリゼーションが進行し、交通事故死が急増するなかで、岡嶋や玉井が交通遺児という言葉をつくり、それが普及して辞書に収録されるまでになった。ここで遺児という言葉をつかうのが適切であると考えられた理由は二つであろう。ひとつはモータリゼーションと交通事故の様相が戦争とみたてるほかないほど深刻化して、交通戦争という言葉が一般化したから。侵略戦争であれ交通戦争であれ、そこで従軍した親が戦死すれば、残された子どもは遺児である。いまひとつ、しかし、交通戦争による交通事故死はもちろん名誉の死ではない、また、無意味な死でもない。それは死者にとっても、残された家族にとっても、憎むべき死、怨むべき死である。親がそのような死を死ぬことを余儀なくされたのであれば、子どもはその親との関係において遺児と規定されるのがふさわしい。

玉井は奨学生たちと向かいあうと、母親の無残な交通事故死の体験を語り、自らも交通遺児であると規定した。君たちも交通遺児だ。われわれは交通遺児として、本質的に同一の不幸、悲哀、苦悩を体験してきた。かれはその体験を語りつつ、奨学生たちに親との死別体験を追体験させ、おたがいのあいだにつよい共感をともなう関係をつくり出す。カリスマとして、父性の象徴的存在として、かれは奨学生たちの上位の高みにいた。しかし、交通遺児としてはかれと奨学生たちは仲間である。いっしょに有意義な生きかたをしようと、かれはかれらに呼びかける。その生きかたとして具体的に勧められるものは、のちにみるように、時代の推移にともなって、おおきく変化している。しかし、かれのかれらにたいする生きかたについての提言は、つねに、かれらのあいだにあった遺児という同一の属性に由来する共感関係によって説得力をもつのであった。

3　つどいの社会史

玉井義臣は、奨学生のつどいと呼ぶ行事を、交通遺児育英会の育英制度を特徴づけるものであり、奨学金の貸与とならべて、もっとも重要な業務のひとつであるとみていた。奨学金の貸与が進学のための環境づくりをするのにたいして、奨学生のつどいは人間づくりと仲間づくりをするというような解説が『交通遺児育英会十年史』(同会、一九七九年)にすでにみいだされる(同書、七一ページ)。このつどいには、一九七〇年にはじまる高校奨学生のつどいと、七四年にはじまる大学奨学生のつどいがあった。いずれも、のちにみるように高い教育的効果をおさめる行事であったが、玉井は、事務局に集めた若い運動家たちといっしょに、このつどいの様式を模索しつつ創造してゆきながら、かれ自身が教育家、教育運動家であり、かれが指導する運動が教育運動であることを発見していった。

まず、大づかみに、つどいのありかたや奨学生教育がどのように歴史的に変化していったかをみてみよう。このためのかっこうの手がかりは、大学奨学生のつどいの冒頭でおこなわれる玉井の挨拶＝アジテーションの内容である。交通遺児とはなにか、奨学生教育とはなにか。かれはイメージ喚起的に、情動にうったえるアジテーションをおこなって、奨学生たちの心をとらえる。

そこで示される玉井の交通遺児観と奨学生教育観は、大学奨学生のつどいがはじまった一九七四年から八一年までの時期と八二年から九三年までの時期とでは、かなり対照的な性格をもっている。仮にこれら二つの時期を第一期、第二期と呼んでおこうか。なお、九四年にかれが交通遺児育英会を退任し、あしなが育英会に拠ってから現在までの時期を第三期とみるが、この時期のかれの遺児観などについては、第XIII章で述べる。

第一期における玉井の交通遺児観をあきらかにするキイ・ワードは、交通遺児軟弱説である。交通遺児の男の子は、同年代のほかの少年たち、青年たちに比較して、軟弱である、ひよわであると玉井は主張した。一般的にいって、母子家庭で育った男の子には母親思いのやさしい子どもが多い。それは生計の維持と子育てをひとりで引きうけなければならなかった母親をみてきたこと、父親が不在であるがゆえに家庭教育にきびしさの要素が相対的に不足していたことのせいであろうか。逆に母子家庭で育った女の子にはしっかり者のきつい性格の子どもが多い。玉井はこの傾向を、つどいをはじめとする交通遺児たちとつきあった経験から認識していった。そうして、交通遺児の男の子にやさしい子どもが多いことを、否定的・批判的にみて、交通遺児軟弱説を唱えたのである。この否定、批判の根拠は、軟弱な交通遺児はかれが望む人材として成長することが困難であるというところにあった。

第一期のつどいにおける玉井の発言には、激励調のものが多い。一九七九年は交通遺児育英会創立一一年目にあたり、玉井は、最初の一〇年は救済の時代であったが、つぎの一〇年は教育の時代になると予告した。つまり、交通遺児育英会の仕事は、最初の一〇年は貧困家庭の子どもを進学させることに主力をそそいできたが、つぎの一〇年では社会有用の人材を育成することに主力をそそぐというのである。この教育の時代宣言にあわせて、それまで散発的に表明されていたかれの軟弱説の主張がまとまって出てくる。交通遺児は軟弱である。それを克服しなければ社会に役立つ人間になれない。交通遺児であるという消極性のカラに閉じこもるな。遺児ガラをたたきつぶしてやる。遺児であることの不幸をバネにして生きるべきである。遺児バネで人生と格闘せよ。この激励調の発言は、八一年までもっとも高揚したトーンでくり返され、その後も八五年まではつづくが、八六年からは意識的にとりやめられた。

交通遺児たちにたいするこのような激励は、当時までの玉井の気質や生きかた、かれの部下となった若い運動家たちの気質や生きかたにとって、自然なもの、ふさわしいものであった。玉井自身のばあいでいえば、かれは交通評論家として華々しくデビューし、ついで社会運動家に転じて一〇年間、成功のキャリアをかさねてきていた。そのあいだ、かれはひたすら攻撃的に生き、比喩的にいえば全力疾走をつづけてきた。かれの若い部下たちもみな、ボスと同じように生きてきた。かれの生きかたをモデルにして、交通遺児たちの生きかたを指導しようとすれば、たたきつぶすとか、格闘するとか、勇ましい言葉、元気のよい言葉が並ぶのが当然であった。しかし、このような奨学生教育観は、第二期に入って大幅に転換することになる。

第二期の交通遺児観のキイ・ワードは恩返しである。一九八二年の大学奨学生のつどいで「あしながおじさん」が学習の主題のひとつにとりあげられ、「あしながおじさん」は交通遺児を支える社会の象徴であるという位置づけがおこなわれた。「あしながおじさん」の援助は遺児にとっての恩である。遺児はその恩をうけた以上、恩返しをしなくてはならない。しかし、「あしながおじさん」自身は匿名の存在であるので、遺児は「あしながおじさん」に直接、恩を返すことはできない。できるのは、「あしながおじさん」が象徴する社会への恩返しである。こうして、交通遺児は社会から恩をうけた存在、社会に恩を返す存在と規定されることになった。かれらの恩返しは、のちに災害遺児育英募金運動、病気遺児育英募金運動に集約されてゆき、そこから災害遺児育英制度、病気遺児育英制度が形成され、両制度を基盤にしてあしなが育英会が誕生することになる。

軟弱な交通遺児から恩返しする交通遺児へのイメージの転換は、それにともなって、つどいのありかた、奨学生教育のありかたを転換させることになった。一九八三年のつどいは「あしながおじさん」の愛と母の愛の哲学的考察を主題にしたし、八四年のつどいは「あしながファミリー」の幸せを主題にした。「あしながファミリー」とは、交通遺児家庭、「あしながおじさん」、学生募金参加者、交通遺児を励ます会会員などをひとまとめにしたカテゴリーである。つどい全体の性格も「厳しいつどい」から「本音が語れるつどい」、「感動的なつどい」に切り替えられていった。玉井がつどいでおこなう講話は、遺児を激励するものから、遺児に共感をもとめるものに変化した。

第二期に入って玉井の交通遺児観、奨学生教育観がこのように変化した主要な契機と考えられるものはつぎの三つである。すなわち、

(1)「あしながおじさん」制度の成功と交通遺児奨学生たちによる恩返し運動のもりあがり。前者の成功についてはⅧ章でくわしく述べたが、とくに八二年からの第二期「あしながおじさん」では応募者が急増し、第一期のそれの二・六倍にはね上がり、その寄付額は育英会の総収入額の三分の一を超えるにいたった。後者の運動については次章でくわしく述べるが、同年には高校奨学生の献血運動があり、翌年からは全奨学生による災害遺児育英募金運動がはじまる。これらの運動の新局面を契機として、交通遺児イメージ、奨学生教育イメージが再構築された。

(2) 交通遺児の自己主張の強まりなどの質的変化。これは資料によって充分に証明するのが難しいのだが、遺児たちが玉井たちによって一方的に激励され発奮するという存在ではな

くなってきた。八四年のつどいの記録のなかに「素直に純粋に本音を語りあえる雰囲気づくりに気を配り」(『交通遺児育英会二十年史』同会、一九九〇年、三五二ページ)などとある。これは裏返せば、それまでのつどいが遺児たちが本音を出しにくい、心ならずも押し流される気分のものであったということだろうし、また、遺児たちがそれに反発するようになったということだろう。かれらはあるがままの自分として生きることを願い、それを肯定されることを求めた。玉井はそれに応じていった。さらにⅪ章でくわしく述べるが、奨学生たちの進学先のアカデミック・ランキングが長期的にみて低下しつづけており、エリーティズムによる激励が通りにくくなったという事情もあった。

(3) 玉井の結婚、短い結婚生活のあいだの妻の看病体験、それにつづく妻との死別体験、それらにもとづく心理的変化。この作品では、玉井の社会運動家としての側面とは区別される私生活の側面にはなるべく立ち入らないようにしてきたし、これからもそうしたいと思っている。したがって、以下の記述は最小限にとどめたい。一九八五年一一月、五〇歳の玉井は二五歳の林由美と結婚した。二人は八四年六月ごろから結婚を考えていたが、八五年二月に由美の首(頸髄)に腫瘍が発見され、ガン告知がおこなわれている。そのあと、かれらは結婚し、約一年半してから大手術がおこなわれ、患部の一部の除去には成功したが、ほどなく彼女は人工呼吸器をつかう寝たきり生活に入った。玉井は看病につとめたが、八九年七月、彼女は死去した。これらの体験から、玉井は、生と死、愛、幸福、いやしなどについて多く語るようになった。これらの変化が、以後のかれの遺児観、奨学生教育観につよく投影した。

4　大学奨学生のつどい

さきに述べたように、高校奨学生のつどいは一九七〇年から、大学奨学生のつどいは七四年からはじめられた。後者は前者より四年おくれてはじめられた訳である。しかし、一旦はじまってしまうと、大学奨学生のつどいでリーダー研修をし、そのリーダーを各地の高校奨学生のつどいに送りこんで、つどいの運営をおこなうというシステムがすぐ形成された。玉井もかれの部下たちも、奨学生教育の根幹は大学奨学生のつどいであり、その周辺に高校奨学生のつどいがあるという見方をするようになった。吉川明は、第二期の一〇年のつどい教育の基本設計者とみてよい人物だが、大学奨学生のつどいが幹部教育で、高校奨学生のつどいが社員教育でしたなどという比喩による説明をしている。

大学奨学生のつどいのありかたを紹介する。これには大学一年生の夏休みに参加する「大学奨学生前期のつどい」と三年生の春休みに参加する「大学奨学生三年生のつどい」とがある。奨学生教育の機軸部分として重視されてきたのは前者であるから、こちらをいくらかくわしくみることにする。後者は就職のためのガイダンスを中心にしたつどいである。

夏のつどいの統計データは表23に示している。それは七〇年代は三泊四日か、四泊五日であったが、八〇年代前半は四泊五日が常態になり、八〇年代後半からは五泊六日となった。第一回をのぞくと、会場はつねに山中湖畔の富士青少年センターがつかわれてきた。参加大学奨学生は百数十人から二百数十人で、各年の大学奨学生の一年生の六〇％台から八〇％台

表 23　大学奨学生のつどいに参加した大学奨学生数，リーダー数などの推移

	日　程	参加大学奨学生(人)	大学奨学生参加率(%)	参加専修・各種学校奨学生(人)	専修・各種学校奨学生参加率(%)	リーダー(人)
1974	2泊3日	45	90.0			
	3泊4日	112	89.6			16
75	同上	158	90.8			26
76	同上	173	86.5			29
77	4泊5日	177	92.2			33
78	3泊4日	223	92.5			34
79	4泊5日	247	85.8			35
80	同上	270	91.8			34
81	同上	261	85.9			40
82	同上	243	82.9			52
83	同上	252	85.7	16	25.4	69
84	同上	237	71.4	23	36.5	67
85	同上	214	79.9	18	30.5	62
86	5泊6日	215	68.9	7	11.3	46
87	同上	195	64.6	15	21.4	58
88	同上	172	60.4	24	36.4	60
89	同上	170	53.0	18	19.6	59
90	同上	196	68.3	20	20.2	57
91	同上	206	65.8	24	23.1	57
92	同上	170	55.7	37	32.5	50
93	同上	172	63.5	27	28.1	66

が参加する。このほか二年生以上の大学奨学生がリーダーとして五、六〇人参加してきており、かれらは一年生でつどいに参加してその魅力にとらえられたか、また、統率力をみこまれて呼び出されてきた連中である。かれらのなかには、玉井の主張や人格を信奉している若者たちが多かった。玉井と事務局の七人の侍以下の男性スタッフはつどいの全期間、奨学生たちといっしょに生活をし、参加者たちのあいだで濃密なコミュニケーションが熱っぽい雰囲気をともなってくりひろげられる。

つどいの活動内容の一例として、一九八七年の日程表を紹介してみよう。表24をみられたい。初日冒頭の開会式は、例年、玉井が独演する挨拶である。交通遺児とはなにか、奨学生教育とはなにか。その内容の歴史的変化は、前節でくわしくみた。そのあと、奨学生たちは一班一二、三人の班別に編成される。これからは、かれらはつねに班単位で行動する。

二日目のハイライトは班別でおこなわれる自分史の語りあいである。まず、リーダーの学生が、交通事故による親との死別体験と悲哀、苦悩、そのあとにつづいた物心両面でのさまざまな困難とそれらを克服するための努力をふくむ自分史、家族史をくわしく語る。班員の一年生は、ほとんどがそれまでそのように自分史、家族史を語ったことがない。親との死別体験とそのあとの生活と心理の記憶は、かれらの心のなかにかたく封印されていた。そのかれらにたいして、リーダーは、手本を示し、この場にいるのは皆、交通遺児だ、仲間だ、だから心を開いて自分を語ることからはじめようと促すのである。多くの奨学生たちは、そこではじめて自分史、家族史を語ることになる。淡々と語りきる者もいるが、涙を流して語る

つどい日程表

①～⑯　班アピール1班5分

7月25日(土)	7月26日(日)	7月27日(月)
起床・洗面	起床・洗面	起床・洗面
⑬⑭朝のつどい	朝のつどい	朝のつどい
朝　　食	朝　　食	朝　　食
講演(2) 宇井　純 (沖縄大学教授) 講演(3) 伊藤律子 (NHK 解説委員)	3人の あしながおじさん ①岡嶋信治 ②桜井芳雄・藤村修 ③あしながおじさん 山内雅人他 (声優)	作　　文 アンケート ま　と　め 「みんなで一言」 閉　会　式
昼　　食	昼　　食	解　　散
話し合い 「交通遺児と 大学生活」	調査について 副田義也 交通遺児の活躍	班集会室 1班—308 2班—309 3班—310 4班—311 5班—312 6班—313 7班—315 8班—316 9班—317 10班—307 11班—306 12班—305 13班—303 14班—302
夕　　食	夕　　食	
OBを囲んで	キャンプ ファイアー	
入　　浴 自由交歓	入　　浴 自由交歓	
就　　寝	就　　寝	

表 24　昭和 62 年度大学奨学生前期の

	7月22日(水)	7月23日(木)	7月24日(金)
6：30		起床・洗面	富士登山 3：00　起床 3：20　登山説明会 4：00　センター発 5：45　登山開始
7：00		①②③朝のつどい	
8：00		朝　食	
9：00		④⑤⑥ 講演(1) 山田和夫 (東京大学助教授)	↓ 岩本研一他 御殿場山岳会
10：00			
11：00	昼　食		
12：00	受　付	昼　食	
13：00			
14：00	開 会 式	⑦⑧⑨ 自 分 史	
15：00	オリエンテーション 交通費記入		
16：00	班 集 会		
17：00	夕　食	夕　食 入　浴	17：30　下山
18：00			
19：00	はじめまして	⑩⑪⑫ 自 分 史	夕　食 入　浴
20：00			
21：00	登山説明会	入　浴 自由交歓	就　寝
22：00	入　浴 自由交歓		
23：00	就　寝	就　寝	

資料出所：『交通遺児育英会二十年史』p. 355.

者もおり、泣きじゃくりながら語る者もいる。少数ではあるが、どうしても口がひらけない者もいる。リーダーはかれらにはけっして無理じいをしない。自分史を語る室からとび出してきた少女が、ヒステリー状態になって「いやだあ、あんな話、聞きたくないよう」と泣きわめき、リーダーの娘が少女の肩を抱いてなだめているのを、私は目撃したことがあった。他者の辛い自分史が、自己の辛い自分史の記憶をよみがえらせて、彼女を錯乱に追いこんだのであろう。

三日目には富士登山、四日目には公害学者の宇井純が「交通遺児と学問」という力のこもった講演をした。宇井は玉井が親交をむすんだ学者たちのひとりであり、つどいやのちに述べる心塾の講義で登場する頻度がもっとも高かった講師たちのひとりでもある。奨学生ＯＢにつどい体験にかんする聞きとり調査をしていると、宇井の講義に心を打たれたという者が多くいる。この年のかれの講演の論点は多岐にわたったが、重要な論点を一、二紹介してみよう。

私は二〇年間、東京大学都市工学科の助手をしてきた。この学科に入学してくる学生たちの多くは金持ちの子どもである。かれらは自動車を運転する立場におり、自動車にはねられる立場にいない。そこで、本人は意識していなくても、幼児、老人、歩行者などの弱者には危険な、車優先の街を設計してしまう。そんな例を私は多くみてきた。親を交通事故でなくした諸君なら、歩行者優先、弱者優先の思想を都市計画に表現するだろう。都市工学科に交通遺児が入学してきてほしいと、私は願いつづけてきた。公害の被害者たちの多くは、水俣病やカネミ油症の患者のように健康をはなはだしくそこね、大学にゆきたくてもゆけない。その被害者のなかで諸君は健康である。日本の学問、教育、国家と社会を抜本的に改革するきっかけは、社会のどん底を見たが、若く、健康である諸君しかいないと私は信じる。

皆さんが生活の安定をめざして大学に入学してきたことはよく理解することができる。ここまで君たちを育てるために苦労をされたお母さんに報いるためにも、生活を安定させるのは大事なことである。第一の目標は自分と家族の生活の安定である。しかし、それにくわえて、ほかの社会的弱者を助ける、社会的不公平をなくすということをも目的にくわえてほしい。すでにふれた老人や公害被害者、さらにはスラムの住民、差別される民族、かれらが押しつけられている不公平の解消に、皆さんの体験をいかしつつ、とりくんでほしい。さらに、アジア諸国に関心をひろげてほしい。日本はアジア諸国に自動車を輸出し、工場を建設し、それにともなって交通事故を増加させ、公害を発生させている。交通遺児育英会の運動は日本からアジア諸国にひろがってゆかねばならない。

五日目午前の「三人のあしながおじさん」は、「あしながおじさん」制度の解説と「あしながおじさん」をつとめている人物をまねいて、その体験談を聞く試みである。「あしながおじさん」たちの多くは格別の資産家ではなく、ふつうの市民であり、見知らない交通遺児への愛情と善意によって寄付活動がおこなわれていることが語られる。「あしながおじさん」の恩にたいして、遺児たちはどのようにして恩返しをしてゆくべきか。この年は、災害遺児育英制度の発足の直前であったので、災害遺児育英募金への参加が呼びかけられていた。

午後は私が「調査について」という講義をしている。これは、夏休みのうちに大学奨学生の一年生全員にひとりで一ケース、交通遺児家庭を訪問させて、その母親から生活史の聞きとり調査をさせ、そのケース記録をまとめさせるためのインストラクションである。これは、私が例年、交通遺児育英会から引き受けてきた調査の一環として、主題設定や調査票づくりのヒントをえるためにはじめられたものであり、そのように役立ってきた。しかし、次第に奨学生教育にも役立つことがわかって、やがてはその必修科目のひとつとされることになった。そのいきさつはこうである。交通遺児家庭の母親の多くは、子どもに余計な心配をかけまいとして、自分の子どもにたいしては生活の苦しさや悩みについて沈黙しがちである。そこで、交通遺児たちは、この他家を訪問しての聞きとり調査で母子家庭の母親の物心両面での苦労話を聞かされ、自らの母親の苦労をはじめてさとったという報告があいついだ。それによって、この聞きとり調査は、交通遺児家庭の問題一般を考えると同時に、自らの親の恩を知る学習機会のひとつと位置づけられるようになったのである。

5　三つのつどい体験

交通遺児育英会の大学奨学生たちは、その多数が高校在学中に予約採用されている。かれらは高校三年生の秋に書類審査を通過すると、上京して、学力試験、面接試験をうけ、それらに合格すれば予約採用されるのである。面接試験のまえに玉井義臣は、交通遺児育英会の歴史、「あしながおじさん」の心、育英会が期待する人間像などについて講話をする。その末尾で、交通遺児としての自覚をもつこと、大学に入学したら交通遺児家庭のための運動に時間をさくことを要請し、つぎの四つの行事は大学奨学生教育の必修科目として参加することを約束させた。すなわち、(1)大学奨学生のつどいへの参加、(2)高校奨学生のつどいへのリーダーとしての参加、(3)交通遺児家庭の他家の母親への聞きとり調査への参加、(4)学生募金への参加、である。

この四つの行事を大学奨学生の必修科目といって参加を約束させるのは、それらがかれらの多くの人間的成長に大きく役立つことが経験的にわかっているからであるが、また、かれらの多くが参加にあたってためらい、戸惑い、不安などを感じるからである。この躊躇などは公式の資料ではあまりあらわれてこないが、奨学生OBに聞きとり調査をしているとしばしば聞かされるものである。

金木正夫は冒頭に紹介したとおり、学生時代から玉井の秘蔵っ子的存在で、交通遺児育英会の社会運動でも有力幹部たちのひとりであった。かれは、つどいでもよくはたらき、一九八四年につどいが学生主体の運営に模様変えしたときには最初の総合司会をつとめている。その金木でさえ、大学一年生のときには、つどいにゆくのがいやでいやで仕方がなかったという。当時、かれは交通遺児と呼ばれるのがいやで、交通遺児ばかり集められるというのも弱者が傷をなめあうようでおぞましかった。大学の講義が終っていないからゆけないと断りをいうつもりで、かれは、育英会の事務局に電話を入れた。その電話に出たのが山本孝史で、明るい声で、親しげに「おお、金木か」という。「試験でこられないの?」その闊達な口調に金木はひるんでしまって、断りがいえなくなり、「私の奨学生番号は何番でしたでしょうか」などと、ごまかしをいって、電話を切ってしまった。それでも、ゆきたくないという気持がつよくて、そのため、初日の朝、なかなか出かけられず、会場に三時間ほど遅刻をして、吉川明にこっぴどく怒鳴られたという。

しかし、玉井は、金木には、学生活動家の成長株のひとりとして、最初から目をつけていたらしい。玉井は、大学奨学生の採用試験の面接をおこなうさいにも、東大生はかれ自身が面接するのをつねとしていた。金木のほうも、つどいで仲間の自分史を聞いて自分より不幸な人間がいることに驚いてしまい、交通遺児というカテゴリーに社会批判の意味があることを知り、交通遺児であるという自己規定を当然のものと思うようになった。また、スタンツの寸劇「走れメロス」では志願して主人公を演じ、優勝して、楽しい想いをした。酒が出る宴席では玉井と親しく話しこんだ。（玉井の側からいえば、得意の人たらし、若者たらしの技をつかったということか。）このつどいをきっかけに、金木は、ひっぱりこまれないようにしようという警戒心を多少はもちながら、急速に玉井と交通遺児育英会に惹きつけられてゆく。かれは、二年生、三年生ではつどいのリーダーをやったし、三年生の秋には、進路変更をしたいのだが、その進学先を医学部にしようか、法学部にしようかと、玉井に相談をもちかけるまでになっている。そのとき、玉井は法学部をすすめ、金木はそれにしたがわなかった。しかし、当時の金木には、玉井は、進路について相談することができるただひとりの人物となっていた。

由衛辰寿は、金木と同年代の人物で、やはり大学奨学生時代、つどいに熱中しているが、いくつかの点でかれらは対照的である。由衛は京都大学理学部放射線生物学専攻を卒業して、現在は朝日新聞学芸部記者である。かれは、高校奨学生のつどいに参加していたので、つどいの楽しさはよく知っており、大学奨学生のつどいに参加するにあたっては、どのような仲間がきているのだろう、良い奴がいたら積極的に話しかけて友だちに是非なりたい、と思っていた。学生生活を充実して過ごしたいという気持が強く、つどいはその得がたいチャンスのひとつと思っていた。かれは、所属することになった班の班長となり、班員みなと仲良しになった。かれらの団結はつよくて、翌年は班の同窓会までやっている。つどいの最大の収穫はいろいろな友だちをつくったことだ、世界が広がったことだとかれはいう。その後、かれは福岡県の高校奨学生のつどいにリーダーとして出向き、そこで出会った高校生たちとも長いこと友だちづきあいをすることになった。

由衛は、二年生から四年生まで、大学奨学生のつどいのリーダーをもつとめた。三年生のときは、つどいの日程と学部の専門実習の日程がかさなった。かれは学者になるつもりで放射線学科に進学していたので、その実習には出たかった。ところが玉井が電話をしてきて、どうしてもリーダーのリーダーとしてきてくれ、君が必要なのだと説得する。由衛のほうにも、去年、リーダーとして立派な働きをしたという自負があった。長時間の説得のあと、半ばは根負けして、由衛は「じゃあ、ゆきます」と答えた。「ありがとう」、とたんに、電話は切れた。由衛は楽しそうに語った。つどいがなければ、私はいまごろ白衣を着て、大学の研究室にいたと思いますよ。結局、四年生のときも、つどいにリーダーのリーダーとして出ました。つどいは七月の中旬、祇園祭の日程とかさなります。私は京都大学を卒業しましたけど、祇園祭を一度もみたことがないんですよ。かれは交通遺児を励ます会でもよくはたらき、卒業後、新聞記者になった。就職の動機のうち、もっとも強いものは社会的弱者の声を広くつたえたいという気持であった。

下村博文のつどい体験は、金木のそれとも由衛のそれとも違っており、これも教育家、教育運動家としての玉井義臣を語るためには紹介にあたいする。下村は早稲田大学教育学部卒業、東京都議会議員を二期つとめたあと、現在は、自由民主党所属の二期目の衆議院議員である。下村はつどいの雰囲気がきらいだったという。かれは小中学生時代から政治家志望で、早大に入学すると多くの先輩が政治家になった雄弁会に入部していた。自己主張が強烈な若者にとって、つどいがもつ集団心理に流される傾向が不快であったのだろう。交通遺児育英会の奨学金をもらっているが、会の行事や考えかたを強制されるのはいやだ。下村は、つどいから戻って、大学奨学生だけの新聞をつくり、その創刊号は「育英会にもの申す」という抗議を主題にした。かれと仲間は、交通遺児育英会の事務局にゆき、会が所有している印刷機や紙をつかってその新聞をつくり、事務局から切手をもらって、全国の大学奨学生にそれを送った。さすがに事務局員のなかには、これは本当はとんでもないことだよという者がいたが、玉井はなにも口をはさまず、事務局員たちに下村たちへ協力させた。ふところが広いひとでしたねと、後年、下村は回想する。

下村はその後、雄弁会で頭角をあらわし、三年生で幹事長になった。玉井は、そのあたりから、運動のなかで下村を重用しはじめた。前出の「母子家庭の母親の雇用促進法」の制定についての要求運動が最高潮に達したとき、玉井は大学四年生の下村を呼んで、膨大な資料をわたして、それらを精読、研究したうえで、法の草案をつくってこいと命じた。一二月の全国大会でそれを発表してから、各党に法制化を要求するのだという。下村はそのように重要な仕事をまかされたことを名誉におもい、夜に日をつぐ勉強振りで、その法の叩き台をつくって、玉井のもとに届けたところ、仕事の出来栄えを賞められた。それで反抗児は一転して門下生の心情になってしまったんですよ、と下村自身がいっている。かれは最初に立候補をした都議選で次点におわり、つぎの都議選では立候補をみあわせようと考え、玉井にそれを報告にいった。玉井はその下村の判断につよく反対して、政治家となる志を捨てるべきでないと説きに説いた。下村はその説得をうけいれ、そこからかれの政治家の経歴がはじまった。

6　高校奨学生のつどい

高校奨学生のつどいは、交通遺児育英会が創立された年の翌年、一九七〇年からはじまった。そのデータは表25に示すとおりである。七〇年代前半は日帰りから一泊二日、二泊三日などで、奨学生が高校在学中に一度だけは出席することができるようにすることをめざした。そのあいだに参加する高校奨学生の数は急増しつづけ、七四年には一〇九三人、高校奨学生全数の四〇・九％に達している。七〇年代後半のうちに毎年、ほとんどあるいはすべての都道府県の高校奨学生を集めるようになり、日程も次第に大型化して、参加する高校奨学生数は二〇〇〇人を超えるのがふつうになった。七九年のばあいでいうと、二泊三日の一七県四会場が主力で、参加者数は二〇六五人、これは高校奨学生全数の四九・三％、ほぼ半分となっている。

八〇年代に入ると、八三年以降はつねに全都道府県の高校奨学生たちを七から一〇までの会場に集めて、三泊四日のつどいを開催するようになった。参加者数は八一年の一九九四人が最高で以降次第に減少してゆくが、これは高校奨学生の全数が減少していったことの結果である。その全数のうちでつどい参加者の比率は最初は四〇％台であったが、八四年からは一貫して三〇％台で経過している。この高校奨学生のつどいのリーダーは、最初の三年間だけは交通遺児を励ます会の会員がつとめたが、大学奨学生のつどいがはじまった七四年から

などの推移

高校生参加率	励ます会会員	参　加大学生
37.2		
20.9	48	
35.0	65	
28.2	65	42
40.9		157
43.9		199
52.5		250
56.6		294
40.0		385
49.3		327
47.0		282
47.8		290
43.9		284
40.6		349
37.3		414
39.1		362
30.4		315
37.8		320
30.2		301
31.7		317
36.8		350
33.0		305
30.0		330
38.5		335

表 25　高校奨学生のつどいに参加した高奨生数，リーダー数

	日帰り	1 泊 2 日	2 泊 3 日	3 泊 4 日	参　加 高校生
1970	8 県 8 会場				185
71		19 県 17 会場			222
72		20 県 20 会場			369
73	15 県 15 会場	15 県 15 会場			858
74	23 県 23 会場	13 県 11 会場	2 県 2 会場		1,093
75	30 県 30 会場	14 県 14 会場	2 県 2 会場		1,749
76	同上	同上	同上		2,435
77	26 県 26 会場	11 県 11 会場	9 県 4 会場		2,587
78	48 県 48 会場	14 県 14 会場			2,318
79	11 県 11 会場	11 県 8 会場	17 県 4 会場	7 県 1 会場	2,065
80		同上	同上	19 県 3 会場	1,931
81			25 県 6 会場	21 県 4 会場	1,994
82			15 県 4 会場	31 県 16 会場	1,830
83				47 県 10 会場	1,760
84				同上	1,552
85				同上	1,645
86				47 県 9 会場	1,189
87				同上	1,377
88				47 県 8 会場	1,054
89				47 県 7 会場	1,117
90				同上	1,158
91				同上	1,023
92				47 県 10 会場	830
93				同上	1,032

は、大学奨学生に切り替えられた。かれらの主力は一年生であったが、山中湖のつどいでリーダー研修をうけ、わずかな間隔を置いて、高校奨学生のつどいに送りこまれてくるのであった。

高校奨学生のつどいの基調を直接に創出したのは、最初の一〇年間では山北洋二と山本孝史であり、つぎの一〇年間では吉川明である。

一九六九年に創立された交通遺児育英会の寄付行為＝会則は、「第2章目的および事業」の第4条で法人がおこなう事業を四つ、つぎのようにさだめていた。

「(1) 生徒(義務教育学校在学者を除く)および学生に対する奨学金の貸与
(2) 生徒および学生の補導
(3) 学生寮の設置および維持経営
(4) その他この法人の目的を達成するために必要な事業」

この規定の(2)項の補導という言葉には権力が若者を見下し、取り締まる臭気がつよく、人間性の成長をうながす教育的働きかけの志がうかがえない。総理府交通安全対策室あたりがつくった原案がそのまま認められたのであろう。しかし、玉井もこの寄付行為にまえもって目をとおしていたはずであり、さきに紹介したようにいくら規約づくりは役人まかせにしていたといっても、このような用語に抵抗しなかったということからして、この時期には、教育の本質をそれほど深く考えていたとは思われない。一九七〇年、高校奨学生の集会が八県八会場でおこなわれ、一八五人の奨学生が参加したが、この第一回の行事は高校奨学生補導懇談会と呼ばれた。その目的は奨学生の親睦、激励、実態把握などとされており、県の教育委員会や交通安全対策室の係官が招かれて講師をつとめていた。

しかし、翌七一年から七四年にかけて、この集会は官製の性格を急速に払拭し、教育的性格がはっきり打ち出され、奨学生の自主性が重視されるようになった。七一年には、事務局に学生活動家出身の山本孝史(大阪交通遺児を励ます会)、山北洋二(福岡交通遺児を励ます会)、桜井芳雄(全国学生交通遺児育英募金)が入局し、この集会のためにはたらきはじめた。山北は、厚生補導懇談会という野暮な名称にあきれてしまい、「つどい」という愛称への改名を提案して、それが実現したことは先述のとおりである。かれと山本は励ます会時代からのレクリエーション指導の能力をいかして、楽しいつどいづくりの方針をとった。玉井は、歌やダンスやゲームということになると、まったく苦手で、山北や山本にまかせておくほかなかったようである。

この楽しいつどい路線がしばらくつづき、七九年に、玉井は楽しいつどいから厳しいつどいへの路線転換を宣言する。これは大学奨学生のつどいで、かれが交通遺児軟弱説をうち出した年である。つどいの主要な組織者として吉川明が起用された。この年から班活動に「私の生いたち、家族史を語る」が入り、翌八〇年からは「家族史、自分史」が正式プログラムのひとつとなった。つどいの路線は、その後、八六年に「厳しいつどい」から「賞めるつどい」、「相談に乗るつどい」へと再度転換するが、自分史は一貫してつどいの中核的プログラムであった。

高校奨学生のつどいの一例として、一九八八年八月一〇日から一三日にかけて、三泊四日、国立阿蘇青年の家で二一七人が参加した、九州、沖縄八県合同のつどいの日程を紹介してみる。この年は、つどいはすべて交通遺児と災害遺児がいっしょに参加するものとされた。また、同一日程で九州・沖縄八県合同のつどいと東北六県合同のつどいが開催されており、玉井は前半の二日は東北のほうに出席して、後半の二日は九州・沖縄のほうに出席している。

初日の午後二時からの開会式は、交通遺児育英会の心塾課課長・林田吉司と災害遺児の高校進学を進める会の会長・小河光治が壇上に登って握手し、交通遺児と災害遺児の友情をアッピールした。班別編成、夕食のあと、二〇時からの「はじめまして」は体をうごかすレクリエーションで、初対面の参加者が打ちとけあう工夫をする。

二日目、午前中、運動会。一三時半からの「自分を語ろう」は、大学奨学生OBで事務局員の茂津目敦夫が自分史をくわしく語ることからはじまった。父親の事故死、母親の仕事の苦労、自分は高卒で土木工事の現場監督ではたらいたこと、高卒ではたらく辛さ、退職、浪人生活、大学入学、心塾での生活、ブラジル留学、目の病気、視覚障害者になる……。なぜ、そんなことまで話すのか。高校奨学生たちは、はじめはとまどいながら聞いているが、迫真のリアリティがある語りに次第に引きこまれてゆく。つづいて班別にかれらはわかれる。リーダーの自分史、班員の自分史、夕食をはさんで自分史語りが二二時すぎまでつづく。

三日目、午前中は「あしながおじさん」について学習し、「あしながおじさん」への暑中見舞いの下書きをする。午後は、かけつけた玉井の自分史からはじまる。妻との出会い、彼女のガン告知、結婚、大手術、看病生活。自発呼吸ができなくなった妻はあとどれくらい生きることができるか。林田も自分史を語った。大学奨学生二人も自分史を語った。そのあと、交通遺児育英会の各種の制度の説明がある。それらの制度をなるべく利用して、高卒後できるだけ進学するように、教育をうけつづけるように、とすすめられる。夜のキャンドル・サービス、仲間をえた喜びと、これからの人生への挑戦が誓いあわれる。最後に全員で「乾杯」を合唱するとき、ほとんどの高校奨学生たちが泣いていた。

四日目、「あしながおじさん」への暑中見舞いの清書、閉会式。

7　七通の手紙

『交通遺児育英会二十年史』には、高校奨学生のつどいが終ったあと、参加した高校奨学生が事務局に送ってきた感想の手紙、参加者とリーダーのあいだでやりとりされた手紙、参加者の母親が事務局によせてきた感謝の手紙などが多数収録されている。それらは、そのまま、つどいの教育効果をつたえる資料とみなせる。高校奨学生の手紙四例、母親の手紙三例を紹介する(同書、三三四―三三七ページ)。

事例1

「つどいに行く前はとても不安でした。『行きたくない』という気持ちのほうが大きかったんです。でも母に勧められて行きました。

まずびっくりしたことは、仲間がものすごくたくさんいたことでした。自分と同じような人があんなにたくさんいるなんて、思ってもいませんでした。それも、私なんか、みんなに比べれば、とてもしあわせだということも、このつどいに出てはじめてわかったんです。みんな、小さい頃は家族が一緒に住めなかったとか、すごくつらい思いをしたと聞いてびっくりしたぐらいです。

私は今まで、みんなと違うことは父がいないことだけで普通の生活をしていることがあたりまえでした。でも、それは全部、母のおかげだったんです。つどいに出る前までは、母の苦労というものを深く考えたことはありませんでした。私が五歳、妹がまだ一歳、そんな二人の小さい子を今まで一人で育ててくれた母の偉大さを感じました。

つどいでの出来事を母に話してあげたとき、はじめて母は私に話してくれました。親せきとのいざこざ、近所の人のうわさ——私は泣けてきてしまいました。私たちにはグチ一つこぼさないで、一人でつらい思いをしていた母を思うと、私がもう少し大きくて、母が相談してくれていたら、母のつらさも半分だったかもしれないと思いました。（静岡・山岡万里子＝高三）」

事例2

「私には父も母もいません。ついこの前までは、中学に入学するまではみなと同じ平凡な女の子だったのに。ほんの三年間で、暗い穴に落とされてしまったのです。これからどうやってこの穴から出てゆけばいいのか、いや、出ることができるのかさえ不安になりました。前に進もうにも、あまりに暗く、固く閉ざされた門はとても私には開けることのできない、大きな壁でした。

そんな私を救ってくれたのが、夏のつどいです。はじめてあしながおじさんの存在を知り、私と同じ境遇にいる人がたくさんいることも知り、何だかとても心強くなりました。

それからです。この穴にいるのは、自分一人ではないのだということに気づいたのは。暗くて見えなかったのですが、みんな一生懸命この穴から出ていこうとしていました。みんなが力を合わせて、肩をたたき合いながら、励まし合いながら。もうすでに出られた人もいるようでした。でも出られたのは、私たちだけの力ではありません。そっと門の鍵を開け、まぶしいばかりの光と腕をさしのべてくださっている、あしながおじさんが立っていらしたからです。自分が苦労した分、他人はその苦しみを味わわせまいとする、あしながさんの愛があったからです。

あの夏のつどいに出席するまで、こんなに感動する人間ドラマがあるとは、夢にも思っていませんでした。

交通事故で父が亡くなったことは、決してよかったとは思っていません。が、それとひきかえに、自分の視野が今までより何倍にもふくらんだこと、他人の痛みが少しだけれど、自分の経験を通じて分かるようになったことは、自分を大きく変える材料になり、また、自分を大きく成長させる種になったのではないかと思っています。（山口・山本千恵子＝一九歳）」

事例3

「つどいが終わって、もう二週間以上たちました。班のお別れ会では、メロメロに泣いてしまいました。別れはどうも苦手なんです。班の人たちとは、電話で話したり手紙を出しあったりしています。本当は私、奨学金を借りるのはあまり気が進まなかったのです。自分の家が貧乏に思われるような気がして、恥ずかしいと思ってたのです。でも違うのですね。恥ずべきことでは、なかったのです。つどいに行って良かったです。色々な事を学び、たくさんの友達ができました。まったく知らない者同士が、たった三泊四日の間にこんなに仲良くなれるなんて、ちょっと不思議な気がします。もちろん、来年も参加するつもりです。(宮城・高橋弘江＝高一)」

事例4

「つどいに参加して、かけがえのない友人を得ました。会場は愛知です。自分史のとき、お互い話したくないことを涙を流しながら話した仲間や、その内容が印象深く感動しました。災害募金の話し合いのときに岐阜の代表に選ばれました。最初どうしようかと思いましたが、決まったからには頑張るしかないとはりきっています。仲よくなった友だちと献血にも行きました。各県の仲間たちも互いに全力を尽くしましょう。(岐阜・沢田行伸＝高二)」

事例5

「このたびは〝つどい〟に参加させていただき、子供共々感謝に耐えず、つたない文章と知りつつペンをとりました。

主人を交通事故で亡くしたときは長男浩一郎は中一の一月でした。日頃から『小学生の間は、私が責任を持ちますが、中学生以上になったらお父さんお願いね』と話していた矢先、さて、これからが父の出番という時……。

母親は女の子の成長は経験済みだし、時代が変っても少しは理解できますが、男の子の成長となるとまったく自信がなく、まして一番むずかしい時期に先だたれ、はたして真っすぐ素直に成長してくれるだろうか、とても不安でした。でも、これは私の取り越し苦労で父を亡くしたことで、子供なりに自覚したのでしょうか。ひときわたくましく、くじけそうになる私をまるで父親のように支えてくれました。

そんな浩一郎が今回の〝つどい〟に参加させていただき、一部始終を話した後、昨年は学校行事とぶつかり参加できなかったのを非常に残念がり、『昨年も参加したかったなあ』の連発。そして、なんと表現したらよいのか、とまどいながら、『二百倍も三百倍もすばらしい有意義な行事だった。本当に別れるのがつらく、もう一日でよいからほしかった』と切実に話してくれました。その上『ぼくも明るく積極的に行事に参加できたんだ』と、それはそれは今までの浩一郎からは想像できない明るさで語る笑顔に、私自身までうれしくなってしまいました。

こんな晴れやかな自信に満ちたすばらしい体験を与えてくださいましたことは、これからの人生に大きなプラスとなって表われることでしょう。

何物にも代えがたい、収穫多き〝つどい〟を計画してくださいました諸先生方に、深く感謝しております。（埼玉・河部和子）」

事例6

「娘は昨年欠席しまして、今年が初めてでしたけど、とても楽しかったらしく、二週間すぎても、その時の話を楽しくしています。早く来年が来ないかなーなんて言って待っています。

災害や交通事故でお父さんがいない人、お母さんがいない人、両親ともいらっしゃらない人、沢山の子供たちが辛い淋しい思いをしているんですネ。熊本でみんなと流した涙が、淋しさに負けず生きていて良かったと思う嬉し涙になるようお祈りしています。（佐賀・楠田和江）」

事例7

「九月一日　暑い夏もようやく峠を越して、長い夏休みも終わりました。子供達にとって二学期の始まりです。また今日から朝のどなり声から一日の始まりです。今年の残暑の厳しいこと、少々夏バテという感じです。

九月二日　二学期の始まりというのに、新聞やニュースに若者の自殺の記事が後をたたない日々です。尊い命を大切にして、我が子を含め、もっともっと強く生きてほしいと願わずにはいられません。
九月三日　高奨生のつどいに参加して、この前の日曜日にカレーを作ってくれたり、今日はハンバーグとサラダが食卓に並んでいました。このごろ自分から進んでやってくれます。すばらしい仲間との出会い、本当に参加させてよかったと思っています。
九月五日　つどいに参加して、楽しかったことなど毎日いろいろ話してくれます。グループの仲間たちと電話や手紙で近況を知らせて、友情を深めているようです。九月七日の災害遺児募金を前にして、すばらしい仲間との再会を今から心待ちにしています。これからも、人に迷惑をかけないで自分自身に責任を持って一歩一歩人生をあゆんでほしい。(和歌山・指田八子)」

8　心　塾(一)

心塾《こころ》は、交通遺児育英会が一九七八年に東京都日野市に建設した学生寮である。玉井はそこでかれが理想とする奨学生教育を少数の大学奨学生たちを対象におこない、注目するべき人間づくりの成果をあげた。また、それは、同時代の教育を批判する実験教育でもあった。その全体像を教育社会学の手法で充分に分析、研究するのは、一冊の書物の仕事である。本書でも、心塾教育にひとつの章をあてるという選択がありえた。しかし、紙幅の制約と全体の構成のバランスを考えて、本節と次節でその主題にわずかにふれるにとどめる。
心塾の建設の基本的目的は二つあった。ひとつは人間づくりの場をもつこと、いまひとつは貧困家庭の子どもが東京の私立大学に進学することができる拠点をもつこと、であった。それぞれの目的について多少のコメントをつけておく。

一九七一年八月、高校奨学生のつどいに講師としてまねかれた理事の緒方富雄・東京大学名誉教授が玉井に、曽祖父の緒方洪庵が開いた蘭学塾・適塾を例にあげて、「玉井君、塾をつくれよ、人間づくりの塾を」と示唆した。これが最初のきっかけであった。七三年一月、玉井は会長の永野重雄・日本商工会議所会頭と対談したおりに、この塾づくりの構想をもちだすと、永野はたいそう乗気になり、かれ自身が旧制第六高等学校に在学していたころの寮生活を語った。人間陶冶の場として塾をつくるべきだというのである。これが二つ目のきっかけとなった。これらの契機は、玉井の人材好み、エリート好みの価値意識を刺戟して、塾をつくる構想は次第にふくらんでいったが、それは七六年に入って急速に具体化しはじめた。

一九七三年秋の第一次石油ショックのあと、インフレーションと不況が深刻化し、交通遺児の大学進学はそれまでよりいっそう困難になった。当時、東京で私立大学の初年度納入金の平均が約四五万円、下宿する学生の生活費は月あたり約六万円であった。ところが、交通遺児家庭の母親の勤労月収が平均六万円台なのだ。交通遺児たちは地元にある大学か寮をもつ国立大学に入学しなければ大学に進学することができない事態になった。しかし、遺児の高校生の大多数の学力は、国立大学の入学試験に合格することができないほどに低下していた。これについてはⅪ章でくわしく述べる。玉井は、塾費一万円の心塾をつくり、かれらが東京の私立大学に入学することができる道をひらいた。塾費は食費の一部負担であり、それによって、朝食・夕食が提供される。住居費はとらない。当時、大学奨学金は三万円であったから、そこから一万円を塾費に支払って、残りの二万円で通学費、昼食代、書籍代などをまかなう。授業料は、日本育英会の奨学金の併給をうけ、それを積みたて、長期休暇にアルバイトをしてその稼ぎをあわせて、支払うことにする。これによって、親許からの仕送りはまったくなくても、交通遺児たちは東京の私立大学に進学することができるようになった。

交通遺児育英会は日野市の高台に約三〇〇〇坪の土地を五億円余で購入、そこに二〇〇人の塾生を収容することができる建物を七億五〇〇〇万円をかけて建設した。玉井は初代塾長になり、七八年四月、第一回心塾生四一人をうけいれて、かれが理想とする奨学生教育にとりくんだ。かれを補佐する職員は、林田吉司、工藤長彦、鈴木賢の三人で、いずれも二〇代半ばの若者たちであった。しかし、まったく予想していなかった事態が展開して、心塾教育の一年目ははなはだしく難航することになった。塾生たちの大多数が玉井がおこなう奨学生教育を徹底的に嫌って、反抗と不服従をくり返したのである。

七八年度のその奨学生教育をてみじかに紹介してみよう。日常生活では、(1)居室は四人部屋、一室は二〇畳くらい、(2)朝は六時起床、約三〇分で体操、男子は一・五キロか二キロメートル、女子一キロメートルのランニング、掃除、(3)おはよう、こんにちはなどの挨拶の励行、(4)門限は女子九時、男子一一時、(5)遊びやぜいたくのためのアルバイトの禁止、(6)派手な服装、学生に似つかわしくない電化製品の禁止、などが主要な規則とされていた。

主要カリキュラムは四つあった。(1)心塾講座、毎週水曜日夜七時から一〇時まで、講師をまねいて講演をきき、質疑応答をするのに二時間、そのあと一時間で、講演内容と関連する主題で作文を書く。この作文は、『朝日ジャーナル』元編集長・影山三郎が添削・評価して塾生に返す。(2)読書感想文、毎月二冊の図書(一冊は課題とされた図書、一冊は自由に選んだ図書)をよみ、感想文を書く。この文章は、『サンデー毎日』元編集長・三木正が採点、コメントをつけて塾生に返す。(3)三分間スピーチ、年間六、七回のスピーチ・コンテストは、一回に二〇人あまりが三分ずつ全塾生のまえではなす。また、毎週水曜と木曜に朝の体操のあと、二、三人が三分ずつ全塾生のまえで話す。ひとりの塾生が年間に一〇回ちかいスピーチをすることになる。(4)毎週一回、水曜日か木曜日の夜七時から八時半までの英会話教室、講師三人のうち二人がネイティブ・スピーカー。

行事の主要なものは二つある。(1)春と秋の学生募金への参加、春は三月下旬から四月中旬まで、秋は九月下旬から一〇月中旬まで、各約一ケ月が拘束される。その間に他大学の学生自治会、クラブなどをおとずれてのオルグ活動と街頭募金をおこなう。(2)大学奨学生のつどいへの参加と、高校奨学生のつどいへのリーダーとしての参加、八月にそれぞれ一週間をついやすことになる。このほか、(3)高尾山ナイト・ハイク(五月)、(4)親睦会(五月)、(5)ソフトボール、球技大会(六月)、(6)いも煮会(一一月)などがあった。

塾生たちはこの教育を嫌った。夏休み明け、三三人の一年生のうち一〇人が退塾している。

一一月一日、心塾講座の時間に、玉井と塾生たちの話しあいがおこなわれたが、そこでかれらの不満が噴出した。その不満、批判、提案のくわしい記録がのこっているが、ほぼすべての規則と教育への不満が述べられている。日常生活の規則では、四人部屋では自分らしく生活できない、起床時刻が早すぎる、ランニングを止めてほしい、門限の時刻が早すぎる、服装を規制するな、アルバイトを自由にさせてほしいなど。カリキュラムでは、心塾講座の負担が大きすぎる、読書感想文の負担が大きすぎる、英会話教室は希望者だけが出席することにしてほしいなど。塾生たちの不満は、要約すれば、一般の学生たちのように生活したい、自由がほしい、強制と束縛はいやだというところにあった。

玉井は、かれらの不満などに一々回答する文章を掲示板にはりだした。かれは、それまでにとってきた方針を、わずかな一部をのぞいては改めないと宣言した。そのさいのかれの主張の論拠はつぎのようにまとめられよう。心塾の建設には一二億五〇〇〇万円がかかった。また、その年間維持費は二億円ほどになる。それらの費用を、社会は心塾生たちのために負担してくれている。これにたいして、心塾生たちは社会の期待にこたえる義務がある。その義務は心塾教育をきちんとうけるということである。

遊びのためのアルバイトを禁じるという規則について玉井の説得をいくらかくわしくみてみよう。社会から巨額の負担をしてもらって、それによって支えられた生活を享受しながら、たほうではアルバイトをして小金を稼いでそれを遊びにつかうというのは恥しい生きかたである。そういう考えかたしかできない人間は退塾してもらいたい。同じ発想で、自分は、親の負担によって学生生活を送っている者が、遊びのためのアルバイトをするのにも反対である。退塾して、アルバイトで、学費も生活費も独力で稼ぎだして、そのうえで遊びの費用も稼いで遊ぶというのならば、自分はその生きかたを一切批判しない。このような言い分が諸君に面白くない感情をもたせるのはわかる。しかし、社会から一五億円ちかい費用を出してもらい、その費用に支えられて生活しているという事実を真剣に考えてほしい。社会が信用してくれてこそわれわれの運動があり、われわれの運動があってこそ諸君の学生生活があるのだ。

まことに情理かねそなえた説得である。学生たちが強制と束縛として目の敵にするものを、玉井は、巨額の負担をしてくれた社会の期待にこたえる義務、責任におきかえている。また、これは、そのまま、同時代の学校教育、家庭教育のありかたにたいする根底からの批判である。現代の教育では学ぶ者の権利のみが強調されて、かれらの義務と責任はきわめてわずかしか語られない。大学や高等学校で学ぶ学生たち、生徒たち自身は、ほとんどの者が学校制度のための負担をひきうける社会にたいして、その期待にこたえる義務、責任があるなどと考えたこともなく、教えられたこともあるまい。そのような教育によって育ってきた塾生たちにとって、玉井が心塾でおこなおうとした奨学生教育は、理解しがたいもの、横暴なもの、許すべきでないものなのであった。

9　心　塾(二)

心塾の一年目、塾生たちは玉井と林田たちに徹底して反抗した。かれらは替え歌をうたって憂さ晴らしをした。「わがままは玉井の罪、それを許すは大奨生の罪……」そううたったひとりの山神義昭(電気通信大学卒業、松下電子工業)が、「あれは決してわがままではなかった、とわかる年になりました。塾長、これからもお元気で御活躍をお祈りいたしております」と書き送ってきたのは二〇年後のことである。玉井は理想の方針をかたく守ったが、塾生たちの反抗には手を焼き、心塾をつくったのはおれの一生の不覚かもしれないとぼやいたり、塾生たちに君たちは志がない、品性がないと烈しく叱ったりすることもあった。過労と心痛のせいで、かれは腰痛がひどくなり、車に乗るとシートに坐ることができず、横倒れになっているしかなかった。林田や工藤は塾生たちとなんとかコミュニケーションをはかろうとしたが、相手にしてもらえなかった。かれらが夏の夜、寮舎の巡回にゆくと、塾生たちの居室の開いている扉がばたばたと閉ざされるのであった。三人の職員が二人ずつ順番に宿直をするという苛酷な勤務形態のなかで、かれらは目立ってやせてしまい、目ばかり光らせていた。

二年目に入ると、玉井や林田たちと塾生たちの一部との関係がいくらか好転した。そのきっかけは三つあった。すなわち、(1)二年目の心塾を考える塾生たちのミーティングで、かれらのまえに立った林田が退塾した一三人のことにふれて、心塾の理想をなぜわかってくれなかったのか、ここはただの安宿ではないといったとき、いきなり涙があふれてきて男泣きをした。この涙に示された真情は塾生たちの多くの心をうごかした。(2)第二回の塾生たちが入ってきて、前年と同じようにかれらが玉井たちに反抗をはじめると、第一回の塾生たちの多くは、それまでの不満をいう立場から不満を聞く立場にかわり、心塾教育のよさを後輩に説明する者もあらわれた。(3)心塾講座の作文や読書感想文による学習効果があらわれて、塾生たちが大学のゼミナールやそのほかの活動の場で自分の身についた能力を認識する機会が増えた。また、英会話教室の学習効果も一部の塾生たちであきらかになってきた。

この二年目の変化は、三年目、四年目とさらに進み、四年目の終りちかくになると、心塾の雰囲気はかなり安定した。しかし、それでも、四年間をとおして反抗をつづけ卒業してゆく塾生たちも少なくなかった。井上美鈴(早稲田大学卒業、日本生命保険)もそんなひとりである。林田は彼女について語っている。「在塾中は反抗のみ、ぶっとしてろくに口をきいてくれませんでした。四年間、最後までそんな態度でした」。その井上が卒塾後、一三年たって玉井に書いてきた。「この歳になって、大学時代に玉井先生に与えられたいろいろなことに感謝しています。(中略)私のように学生時代はあんな(?)でも、大人になって心から感謝している人間が先生には大勢いることをお忘れなく」。林田はこの述懐に実におどろいたという。「齢をかさねたり、主婦になったりすると、玉井節を理解する日が本当にやってくるのですね」。人格にはたらきかける教育は効果があらわれるのに思いがけない時間がかかるばあいもあるのだ。

こうして、玉井たちは理想の奨学生教育のためにおおいに努力したし、その効果は次第にあがってきたし、長い時間域でみればそれはいっそうそうであったのだが、しかし、その教育は多くの交通遺児たちにとって敬遠したくなる性質のものであったことは否定しえない。

その証拠のひとつは、心塾の毎年の入塾者が五三人という最大限の数を超えたことが一度しかなく、多くは三〇人台、四〇人台であったことである。各地の高校奨学生のつどいなどで玉井たちが直接的・間接的に入塾を勧めていて、そういう結果であった。また、いまひとつの証拠は、毎年の卒塾者と退塾者の割合がほぼ二対一で、入塾者の三分の一は退塾していたことである。最初の一〇年間で、卒塾者の累計は二一〇、退塾者の累計は一一四、両者の合計にたいするそれぞれの構成比は六四・八％対三五・二％、であった。遺児たちが塾の集団生活をきらう傾向を完全に克服することはできなかった。

しかし、塾風がある程度、確立すると、心塾は、交通遺児育英会がおこなう社会運動の有力な拠点となっていった。心塾生たちがそれらの社会運動の中核的活動家を継続的に提供する人的資源となっていったのである。その社会運動には大小さまざまなものがあったが、代表的なものを三つえらぶならば、学生募金運動、交通遺児学生の会運動、恩返し運動がある。ここでは前二者をまずとりあげたい。三番目のものは、格別の重要性をもっているので、次章で一章をつかって論じることにする。

全国学生交通遺児育英募金が一九七〇年にはじまり、七一年からは全日本学生自動車連盟がその事務局を引き受け、八三年からは交通遺児育英会の大学奨学生たちがそれをひきついだことは、すでに述べた。心塾生は開塾した七八年の秋から募金に参加している。その後、塾生が増加するにつれて、かれらは首都圏の学生募金の主力部隊になっていった。そのさいの活動の主要な動機づけのひとつは、自分たちは塾費一万円という好条件で大学に進学している、そのかげで奨学金不足のために後輩の交通遺児たちが高校進学をはばまれるような事態があってはならないという想いであった。かれらは街頭募金の呼びかけのなかに自分史を織りこんで語った。八三年からの募金事務局長は、一度の例外をのぞき、心塾生がつねにつとめてきた。局長のもとに首都圏リーダー、全都を一〇群にわけての群リーダーがいるが、それらもほとんどは心塾生がつとめた。この募金は、九〇年からは、あしなが学生募金と呼び名をあらためて、交通遺児だけでなく、災害遺児、病気遺児をも支援するものになった。このころから「あしながおじさん」を「あしながさん」と呼ぶようになったらしい。

交通遺児学生の会は一九八〇年六月から活動している。そのきっかけは、心塾生のひとり・福原保の兄が交通事故で死亡した事件であった。加害者は中学三年生など少年四人で、かれらは盗んだ車で赤信号を無視して轢き逃げをしたのである。このような悲劇をなくすために、車社会を変革しなければならない。こうして、「福原一也さんの交通事故死を考え行動する交通遺児学生の会」が発足した。この会が最初にとりくんだ社会運動は、少年のバイクの免許年齢引き上げにかんする要求運動であった。八〇年五月の一〇〇〇校の高校の校長、PTA会長への免許年齢引き上げにかんするアンケート調査にはじまり、八一年五月のバイクメーカー四社への免許年齢引き上げにかんする公開質問状、東京大学での少年のバイク問題を主題にしたシンポジウム。八二年にはいって、この運動が最高速度が時速九〇キロのミニバイクに反対をはじめて、その反対運動がマス・メディアで再三報道されるようになり、八月、衆議院交通安全対策委員会で高速ミニバイク問題がとりあげられた。一二月一〇日、運輸省はミニバイクの最高速度を時速六〇キロに制限せよという通達を出すにいたってる。その後も交通遺児学生の会は、反モータリゼーション、救急医療、欠陥交差点裁判などの研究とキャンペーンにとりくんで、車社会への異議申し立てをつづけた。

これらの運動のリーダーは、学生活動家たちのあいだから自然に選ばれてくるのであるが、その決まりかたには玉井や林田の意向も少なからずはたらいていたようである。玉井は、心塾をつくるまえから意識していた訳ではないが、心塾ができたあとでは、そこを運動のための人材のプールとみなした。心塾教育は、社会的責任感がつよい、行動力がある若者を毎年つくり出していった。のちになると、玉井は、地方の高校奨学生のつどいをまわって、見所がありそうな高校奨学生をみつけると、早くから進学の相談に乗り、心塾にくるように勧めた。桜沢健一は心塾出身、東京工業大学を卒業して、国家公務員I種に合格し、大蔵省と警察庁からさそわれて後者に入った玉井好みの俊秀だが、かれのばあいなど、玉井は高校一年生のときから目をつけていたという。桜沢は交通遺児学生の会の六代目代表となり、シンポジウム「これからの車社会はどうあるべきか」を開催するなどよい仕事をした。林田は語っている。「玉井は原則として同一地方の高校奨学生のつどいに二年つづけて出ることはしないのですが、ときに二年つづき、三年つづきでゆくことがありました。そんなときは、優秀な子をみつけて、その子と話すために通っていたのですね」。

こころみに歴代の学生募金事務局長と交通遺児学生の会代表の一覧表をつくってみる(表26)。事務局長には人徳があって仲間を惹きつける行動派タイプが多く、代表には正義感がつよく頭の回転が早い知性派タイプが多い。玉井はかれらを運動の顔にして上手につかった。運動の成果をプレス発表で喋らせる、新聞の投書欄に投書が載るようにあっせんしてやる、論壇に小論文を発表させる、「人欄」に登場、紹介させるなど。このスターあつかいに、一般の学生活動家が嫉妬をしたり、反発することもあった。かれらの不満をきいてやり、いわゆるガス抜きで解消をはかるのは、温厚な林田の仕事であった。また、玉井は秀才好みがはげしすぎて、偏愛される学生が塾のなかで浮いてしまうこともあった。その人間関係をたくみに調整して、事態をおさめるのも林田の仕事であった。

交通遺児育英会の運動全体の大きい流れをみると、一九七八年三月から四月にかけて衆議院の予算委員会や地方行政委員会で労働省が「母子家庭の母親の雇用促進法」を制定することをはっきりと拒否し、その四月に心塾が開塾したという二つの事実が、運動のターニング・ポイントを象徴しているとみえる。「雇用促進法」の不成立は、玉井と交通遺児育英会が展開してきた、全遺児家庭、全母子家庭の生活問題の抜本的解決をねらって政治に要求をぶっつける大衆運動の挫折であった。心塾教育の開

出身大学と就職先

学生の会代表

出身大学	就　職　先
国学院大学	あしなが育英会
同上	同上
関東学院大学	交通遺児育英会
東京農工大学	大分県庁
亜細亜大学	東京商工リサーチ
早稲田大学	NHK
東京工業大学	警察庁
早稲田大学	日本経済新聞社
早稲田大学	三井物産
電気通信大学	あしなが育英会
東京大学	北海道大学

表26　学生募金事務局長，交通遺児学生の会代表の

	学生募金事務局長			交通遺児
	氏　名	出身大学	就　職　先	氏　名
1980				西田正弘
81				同上
82				茂津目敦夫
83	坂本浩実	早稲田大学	東京海上火災保険	守永信幸
84	田房英二	中央大学	日本IBM	石川成人
85	坂本忠篤	法政大学	リクルート	小林　卓*
86	北沢和彦	中央大学	NHK	桜沢健一
87	浦　敏弘*	成蹊大学	安田火災海上保険	村上憲一
88	村上憲一	早稲田大学	日本経済新聞社	芦田泰宏
89	樋口和広	帝京大学	三洋電機	若宮紀章
90	寺山智雄	桜美林大学	東京都議会議員	大野浩一
91	浦部　忠	中央大学	ビジネスブレイン太田	
92	蛭牟田繁	日本大学	朝日新聞社	
93	東田憲一	早稲田大学	ヘモネティクス・ジャパン	

注：＊印は塾外生（心塾に入塾しなかった大学奨学生）．

始、翌七九年の「あしながおじさん」制度にたいする大反響は、玉井と交通遺児育英会の運動を教育運動にひとたびは限定することになる。玉井自身、心塾教育の確立に打ちこんでしばらくの時が過ぎていった。しかし、かれが率いる社会運動から、全遺児救済をめざす大衆運動が再度たちあらわれて、現代政治の権力構造と激突することになる。それが次章であつかう恩返し運動である。

10　異文化体験

玉井義臣は、交通遺児育英会の奨学生教育において、奨学生たちを外国に送り異文化を体験させることを、その有力な方法のひとつとしてきた。

そのもっとも早くはじまったもの

は、一九七五年からの高校奨学生で高卒で就職する予定の者にたいする海外研修大学である。これは一学年から約三〇名を選抜して三週間ていど、外国で民泊、見学、交歓をさせる。行先としては、アメリカ合衆国、ブラジル連邦共和国、オーストラリア連邦、カナダ、中国などがあった。外国での研修は本研修と呼ばれるが、それにさきだって国内で約半年におよぶ事前研修があり、訪問国の外国語会話の訓練、国内事情の講義などをうける。帰国後は直後研修の受講、研修報告の執筆が義務づけられている。この海外研修大学は、経済的理由で大学に進学することができないが、とくにすぐれた資質をもつ高校奨学生を地域社会の将来のリーダーとして育成するものであるとされていた。

大学奨学生のための異文化体験をつうじての教育方法には、一九七八年からのライオンズクラブの支援によるYE(ユース・エクスチェンジ=青少年交換)制度を利用したもの、八二年からの日本ブラジル青少年交流協会(のち日本ブラジル交流協会)のブラジル留学制度を利用したものがあり、のちには、利用した制度は一々いわないが、イスラエル、オーストラリア、メキシコ、カナダ、ベトナム、中国などに大学奨学生たちが送り出されていった。これらのなかで、もっとも多くの大学奨学生が利用したのが日本ブラジル青少年交流協会のブラジル留学制度である。この制度については、Ⅶ章5で藤村修の仕事のひとつとしてふれた。約言すれば、それは、日本の大学生を一年間、ブラジルに送り、異文化のなかで労働、コミュニケーション、生活を体験させる制度である。くり返しになるが、これについても、ほぼ一年間という長い事前研修があって、留学生たちは外国語会話、訪問国事情などを徹底的に訓練され、かつその成績によって留学の可否が最終的に決定されることは言っておきたい。したがって、この研修期間中は留学生は正確には留学生候補者である。前記協会は八一年からこの制度を実施し、当初は一〇名ていど、のちには四、五〇名の大学生を毎年、ブラジルに送った。玉井は、心塾生のうちとくに優秀だと見込んだ人材を毎年、二、三名から五、六名まで、そこに組みこんだ。その顔ぶれをみていると、玉井がこの制度を運動家エリートの養成コースとして活用してきたのがよくわかる。

玉井自身は留学経験をもたず、外国語に堪能という訳でもないのだが、異文化体験が若者の人間性の成長におおきく役立つことをよく識っていた。かれはブラジル留学制度の効用について何度も書いているが、一九八九年三月、機関紙「君と581〜2271」に発表されたコラムを抄録する。

「この制度の良さは『働く』ことにある。言葉もろくに話せないのだから、働くといっても単純労働か作業の補助しかできない。しかし、ブラジル人の若い比較的下層の労働者と職場で接することで、さまざまなブラジル(人)がみえてくる。(玉井は、大学奨学生たちが受け入れ企業の経営者やホーム・ステイの家庭によって、上流、中流のブラジル人に接することを前提にして、こう書いている。) 学生は働きながら学ぶのが普通で、子供まで働く絶対的貧困を目の当りにして、豊かな日本に育った若者は考えこむ。貧しさの中で生活を楽しむ術を知る人たち。ずるさと隣り合う底抜けの人のよさ。異国で接する日本人の良さと欠点。明治人のように礼儀正しい移民一世(中略)。

いつのまにか人間が変る。日本の学生の特徴である『甘さ』と『幼さ』が消える。さまざまな価値観を理解し、認め、視野が広くなる。言葉はへたでも、積極的にコミュニケーションをはかる姿勢が身につく。貧富、教育の差を超えて、同じ人間として〝うまくやっていく〟術を体で覚える。日本での勉強がいかに役に立たないかがわかり、本当の勉強をやる気になる。日本(人)のことが気になり、知りたくなる。

つまり、一年間異文化体験の中で違うものを見たり体験したりしながら、自分とか日本(人)について考え、自分の考え方をもつことの大切さを覚えるのだ」。

この玉井の一般論にたいして、若い運動家たちにそれぞれのブラジル留学の体験を語らせるとどうか。第二世代から西田正弘、第三世代から樋口和広をえらんでみる。

心塾から最初にこの制度によってブラジルに留学した奨学生が二人おり、そのひとりが西田正弘である。西田は福岡県瀬高町の兼業農家に生れたが、一二歳のとき、交通事故で父親を亡くした。そのあとは母親が農業をいとなみ、兄姉も多少の補助をして生計を支えたが、生活は経済的に苦しかった。かれは中学か高校の教師になろうとして国学院大学に入学するのだが、この進学は交通遺児育英会の奨学金と心塾があってのみ可能になったものであった。かれは、心塾生として育英会の運動に熱中し、ブラジル留学で人間としてひとまわり大きく成長して帰国し、心塾生のあいだにブラジル留学ブームをひきおこした。卒業後は交通遺児育英会に入局、心塾教官をつとめ、現在はあしなが育英会で後述の自死遺児問題を手がけるスタッフのひとりである。西田にインタビューして、ブラジル留学がかれにたいしてもった意味を語ってもらった。多くの興味深いトピックスからわずか三点のみを紹介してみる。

(1) 一年間のブラジル留学は、西田にとって、赤ん坊として出かけて、二〇歳の青年にまで成長して帰国する過程であった。留学するまえにポルトガル語を熱心に学習したが、ブラジルについてみれば、それはほとんどつかいものにならない。生活習慣もまったくわからない。かれは無力な赤ん坊のような存在であった。それが言葉をひとつひとつ覚え、生活習慣をひとつひとつ身につけることで、かれと他者との人間関係がつぎつぎに成立し、かれをとりまく世界がひろがってゆく。自分と周囲の急速な変化が実感される。西田は、日本で誕生以来すごした二〇年間を、ブラジルで一年でくり返し体験しているように思った。そうして、交通遺児として内向的・消極的に育った自分が、あらためて、外向的・積極的な存在としてもう一度育っているのだと思った。帰国したのち、かれは、それを実感をこめて喋り、心塾生たちの関心をおおいに惹きつけた。

(2) ホーム・ステイや客としての訪問でブラジル人の家庭のなかに入ったとき、西田は、父親と子どもの会話、夫と妻の会話を聞き、新鮮な印象をうけた。一二歳で父親と死別してから、母子家庭で過してきたので、思春期のかれは父子の会話や夫婦の会話を身近に聞いたことがなかった。父親は子どもにあのように語りかけるのか、夫婦はあのように打ちとけるのか。西田は言った。日本では夫婦と小さい子どもが散歩するとき、三人が並んで、子どもをあいだに入れて、夫と妻がそれぞれに子どもと手をつなぎますね。ブラジルでは、夫婦が肩をくむか手をつないで、子どもはその周囲を衛星のようにまわりながら行くのですよ。ブラジル留学の経験は、現在のぼくの家庭生活のありかたに影響しています。私のコメント、ラテン民族の率直な愛情表現の様式を学んで、西田夫妻の仲はむつまじいということである。一般論をいえば、母子家庭で育つ男の子は、夫役割、父親役割の学習が不充分になりがちである。西田にとってブラジル体験はそれを補充する機会であった。

(3) ブラジルは若い国である。多くの社会制度が未完成であり、その影響は否定的にも肯定的にも出てくる。たとえば、学校教育システムが不備で、そのため、初等教育、中等教育の中途退学者が非常に多い。これにたいして、銀行などの大企業がかれらを下級職員として採用し、夜学に通わせ、一定の学歴を獲得すると、より高い地位に昇進させるという柔軟な対応をしている。また、貧富の差がはげしく、ストリート・チルドレン、街頭の浮浪児を多くみかける。かれらをみるたび、西田は日本の経済システムや教育システム、交通遺児育英会の奨学金や心塾のことを思い浮かべた。それらの条件がなかったら、あの浮浪児たちになってしまうのが自分の運命だったのではないか。社会運動家としてのかれの使命感を裏付けている生活実感のひとつはこれである。

樋口和広は、西田より六年あとにブラジルに留学している。樋口は島根県出雲市で小企業経営者の家庭に生まれたが、七歳のとき、交通事故で父親を亡くした。子ども心に家計の苦しさが実感されて、高校進学のおり、普通高校にゆける成績をとっていたのに、大学までゆかぬつもりで工業高校を志望し、母親を泣かせたりしている。結局は彼女の希望どおり普通高校に進学し、交通遺児育英会の高校奨学生になり、三年間、つどいに皆勤した。一浪したあと、島根大学、帝京大学などに合格したが、林田から強引に口説かれて、帝京大学に入学し、心塾生になった。林田は早くから樋口の運動家としての資質・能力に目をつけていた。心塾にいるあいだは育英会の運動で重用され、卒業後二年間ほど企業ではたらいたが、玉井たちにかなり強引に勧められてあしなが育英会に入局した。のち後述する関西の拠点、虹の家の実質的な管理責任者をつとめ、現在は、エイズ遺児救済運動のスタッフのひとりとして、イギリスで研修中である。樋口の留学体験からも三つのトピックスを紹介する。

(1)樋口はブラジル社会でくらしてみて、快い解放感を味わい、その社会を好きになった。この解放感については、かれ以外の多くの遺児奨学生たちも言及している。遺児たちは、日本の社会のなかでは周囲の人びとにつねに身構えて対応していなければならない。それは人びとに母子家庭にたいする差別意識、詮索意識があるからである。職場でも、乗り物のなかでも、街頭でも、ブラジル人たちは人なつっこく、話し好きで、差別意識、詮索意識がまったくなかった。樋口は、かれらを相手にしていると、自然に振舞えて気持がとても楽だった。日本の社会がこんな社会であったらどんなによいだろうと、かれは何度も思った。

(2)ブラジル社会にもいくつもの深刻な問題があった。たとえば貧富の差は大きく、犯罪は多い。しかし、ブラジルでは富める者も貧しい者も、それぞれの生きかたを楽しみ、自足しているようにみえた。経済的な不平等にいらだち、平等をつよく要求する声はあがっていない。また、犯罪は一面において、ブラジル社会のもつ活力のあらわれではないか。そう考えて、樋口は、いくつもの深刻な問題をかかえたままのブラジル社会を、そのまま受け入れ、肯定する気持になっていった。これは社会運動のなかで、問題をもつ個人、家族、地域などを、かれがそのまま受容する姿勢に通じていると思う、とかれはいった。このブラジル社会観は、先述の西田のそれとやや異なっている。西田は福祉国家体制を判断基準にして、そのかぎりでブラジル社会を批判的にみていたが、樋口は独自の存在としてのブラジル社会の全体を好意的にながめている。これについては、どちらのブラジル社会観が正しいというのではない。同じ留学体験が異なったブラジル社会観をうむのが興味深い。

(3) ブラジル人たちは個性的に生きており、それが当り前のことであった。かれらの表情も着るものも変化に富んでいた。そのようなブラジルから日本に帰ってきて、樋口は、一年ぶりに新宿の街路を歩いて、いやな感じ、怖い感じをうけた。同じような服装の人びとが一様に疲れた無表情な顔付きで歩いている。その歩きかたもよく似ていて、リモコンで操作されるロボットのように無個性的である。これは、大事ななにかを喪失した社会だ。かれもブラジルにいるあいだ、ときには母国の経済的繁栄を誇りにおもい、それを口にしたこともあった。しかし、帰国してみると、その繁栄の条件、あるいは代償が、社会と人びとの生きかたにおける個性の喪失であるということが実感された。

11 女性の視点から(一)

交通遺児育英会は男社会であった。心塾も男社会であった。ここで男社会というのは、男性だけがその成員として一人前の存在とみられる社会というほどの意味である。この判断を裏付ける根拠はいくらでもあるが、さしあたっては、第Ⅶ章でとりあげた七人の若い運動家たちも、前節でとりあげた学生募金事務局長一一人、交通遺児学生の会代表一〇人も、すべて男性であったという指摘をしておこう。交通遺児育英会には女性の職員たちがいたし、心塾には女子の大学奨学生たちがおり、彼女たちのなかには運動でよくはたらいた者も多勢いた。しかし、それらの組織や運動のなかで女性は脇役以上にはあつかわれず、男性と同等の一人前の存在ともみなされなかった。

この男社会を成立させた根本の原因は玉井義臣の男性観、女性観にある。社会心理学でいう「タテマエ」と「ホンネ」の二分法をつかうならば、かれは「タテマエ」では男女平等を当然としたが、「ホンネ」では男女が対等であるという発想をまったくもちあわせていなかった。これは、かれの私生活に属する事柄であるが、社会運動家としてのかれの特性に深く関連することでもあるので、最小限はふれざるをえない。

男女が対等であるという発想がないといっても、男尊女卑だとか、女性差別だとかステレオ・タイプの文句で決めつけてしまえば、事実がうまくとらえられないことになる。別の角度から接近してみよう。玉井の最初の著作『交通犠牲者』は、すでに述べたように、好著であると私は評価している。その第一章は、交通評論家、社会運動家としてのかれの原体験、母親・玉井ていの交通事故死を描いている。ところがその二〇ページほどの叙述のなかで、彼女はつねに「母」、「お母ちゃん」と書かれて、その名前は一度も紹介されない。彼女はつねに玉井の母親であって、母親として事故にあい、母親として死んでゆくが、名前をもつ個人としてあつかわれることがない。これに気がついたとき、私は軽いショックをうけた。この運動家にとって、女性は母性あるいは母性的存在として価値をもつが、本質的に「個」であることがないのだ。かれは男性にしか本質としての「個」を認めない。「個」の実現は、かれにとってはまず仕事である。だから、かれは、若い運動家たちを、人間として、男として意義がある生きかたをしよう、いっしょに仕事をしようとさそうのである。

玉井が恋女房の由美をガンで失ったとき、山本孝史が機関紙で追悼文を書いて、彼女のことを「全交通遺児のお母さん」と呼んでいた。山本は本当にそう思っていたのか、それとも心やさしいかれのことだから、そう思っていなくても、玉井がそういってほしいのだろうと察して、あえてそういったのか。いずれにしても、子どもを産んだこともない、二七、八の小娘を四十男の山本がお母さん呼ばわりするとは奇異なことだと、私は思ったものである。しかし、女性は「個」として認められず、母性としてのみ価値をもつ、男社会のなかでは、ボスの愛妻に敬意を表明しようとすれば、かなりの無理があっても、彼女をお母さんにしてしまうほかに手がないのであると、いまならば説明をつけることができる。

教育家、教育運動家としての玉井義臣を、まぢかにいた女子の大学奨学生はどうみていたか。かつて大学奨学生であった三人の女性にインタビューをしたことがある。いずれも学生時代は優秀で目立つ連中であったらしい。私が話を聞いたおりには、彼女たちは三〇代の半ばを過ぎて女ざかりの年代に入っており、三人とも結婚をして子どもをもち、夫や子どもをつれて玉井の家を訪れたり、自宅に玉井を招いたりしたこともあるといっていたから玉井に親近感をもっていると思われた。天野聡美は心塾にいて、女子美術大学卒業、宝石店に就職、在学中に「あしながおじさん」募集のためのイラストをかいて、それが人気作品になり、現在も「あしながさん」のイラストをかいている。大西雅代は日本女子大学卒業、NEC入社、山田洋美は実践女子大学卒業、大手スーパー・ユニー入社。

インタビューで最初に印象的であったのは、三人ともが玉井の第一印象が好ましくなかった、悪かったということであった。天野は高校奨学生であったので、そのころ、玉井にはじめて会っている。のちに画家になったひとであるから、玉井の風貌のヴィジュアルな描写がうまい。

「外見の印象はいまより肥っていらして、ズボンの腰や太腿がはちきれそうで、ふんぞり返って坐っていて、顔は歌舞伎役者になったらいいような顔で押し出しがつよく、目鼻立ちが大きくて色が黒く、マンガの登場人物のような方だと感じました。(赤とんぼ号の件で玉井が)当時の福田首相に報告にゆくとき、つれていってもらって、首相に会わせていただいたんですが、女の子はお飾りでした。高校生の女の子は可愛いから首相のとなりに坐らせると写真映りがよいだろうという感じで、さっさと坐らせられる。私としては非常に恐かった。母子家庭の子どもで、政治家の世界など全然わからない。玉井さんはそちら側のひとで、政治家などとも親しく口をきくタイプのひとだとみて、距離を置いて接しなければ、と思っていました」。

これにつづいて、天野は公式の運動史にはけっして出てこない重要な証言をひとつ残している。彼女は一九七九年に女子美術大学に入学して大学奨学生になったのだが、その面接試験で、母子家庭で母親は苦労しているのに、交通遺児が美術大学にゆくなどとんでもないことだ、この進学は職業に結びつくのか、どうしてそのように学費がかかる大学にゆくのか、などと言われた。彼女は美術の教員になると言訳をした。交通遺児育英会には美術大学への偏見があった、女子が四年制大学にゆくこと自体に偏見があった。はっきりそこまではいわないが、女が四年制大学にいってどうするつもりだ、四年制大学を出ても就職口はないぞ、やんわり脅す感じでしたね、と彼女は言った。

山田は大学奨学生のつどいで、玉井の交通遺児軟弱説にもとづく激励調の挨拶をきいて反発した。

「このひとは、かたちのうえでは会場に集められているすべての大学奨学生に話しているのだけれども、本当はひと握りの特定の意識をもった学生たちにだけ話しているのだと感じました。ひと握りとは、男子学生で、女子はのぞかれている。男子もふるいをかけられて、軟弱だといわれるような学生は落されている。その特定の意識をもった学生だけを最初に見抜いてしまうところはすごい。しかし、相手にされない女の子としては、なにくそとすごく思いました。見返してやりたいと思いました。全遺児救済の理念はわかるのですが、最終的にはひと握りの学生だけを信じている」。

山田はそのつどいで、交通遺児のすべてが軟弱ではないと、かなりの剣幕で反論したという。玉井が、交通遺児家庭の女の子にはきつい性格の子が多いというようになったのは、それからのことだと彼女は言った。

大西は、天野と山田がそれぞれに語った玉井の女性観についての判断に同意したうえで、つぎのように分析をした。

「女子学生はお客様あつかいをされて、玉井先生の視野の外におかれていました。それは、先生が関西人であることと、お母様が御年配であったこと、お姉様がたもずっと年長であったこと、だからお育ちになった環境では、女性が四年制大学にゆく例がなかったということからきているのでしょう。御親戚にも四年制大学にゆかれた女性がいなかった。そういう生まれ育った環境をとくにふしぎと思わず、大人になられたのだろうと思っていました。その偏見に私は表立って反論をしませんでした。黙ってやるだけのことをやっていれば、先生だって、女の子でも実力があるのを認めない訳にはゆかないだろう」。

総じていえば、彼女たちは、最初から玉井の女性観をほぼ見抜いていた。大学の教師稼業をながくしてきた者として体験からいえば、人間性の洞察については男の子と女の子ではかなりの違いがある。多少の誇張をまじえていえば、人間をみわけるという点で、ハイ・ティーンの男の子の大多数は犬の仔のようなものだが、ハイ・ティーンの女の子のなかには完全なおとなが少なくない。これは、かれらの学力とほぼ無関係の事柄である。このような人物鑑識眼をもつ女子学生がいるから、大学の教師稼業は油断ができないのである。三人の話は、この私の持論を裏付ける好例である。

12　女性の視点から(二)

三人の女性が語る玉井の第一印象はこうして散々なものであったが、その後、彼女たちのかれについての判断はかなり改められてゆく。それは玉井自身が女子学生を観察して、彼女たちについての考えかたを多少は変化させてゆく過程でもあったようである。大学在学中に、どんなきっかけがあって、玉井についての評価を変えたのかと私は訊いてみた。

天野のばあい、心塾に入って玉井と個人的に話すようになり、酒が出るコンパの席で打ちとけて喋ったりして、次第にかれの人柄がわかってきた。彼女は二年生のとき、「あしながおじさん」のイラストを描いたのだが、それはメルヘン風の抒情的な美しさをもつ作品であった。その絵は、募金のポスター、「あしながおじさん」募集のカード、機関紙のカットなどにつかわれ、高い人気をえた。玉井は、多分、それまでイラストが若者文化、現代文化においてもつ重要性を意識していなかったのではないか。ところが、天野の魅力的なイラストは、運動を推進する新しい戦力のひとつになった。かれはそれを知って驚き、彼女の才能をたかく評価するようになった。玉井は賞め上手である。天野はそれまで他人から賞められた経験があまりなく、母親からも仕様がない娘だといわれつづけてきていたので、玉井から賞められるのがうれしくて、かれに向って心を開いていった。

彼女は「あしながおじさん」のイラストの仕事は、後輩の美術系大学の学生がつぎつぎにうけついでゆくことになると思っていた。ところが、玉井は、彼女が卒業したあとも、これは君のライフ・ワークだといって、現在まで天野だけにその仕事をゆだねている。また、かれは、海外に出かけたときは、かならず行先の地方の美術館にいって、所蔵作品の絵葉書を一枚買いもとめて、彼女のところに送ってくる。これぞと思った人材には、徹底的に手あついサービスをして、その心をつなぎとめておく玉井の社交術の一例である。

山田は、つどいの玉井の挨拶には反発したのだが、しかし、交通遺児育英会の活動家たちの雰囲気には心を惹かれた。彼女はつづく学生募金で、生まれてはじめて社会にはたらきかけ、出てきた結果を実感をもって味わうという経験をして、感動する。彼女は山手線の恵比寿駅の駅前で街頭募金に立ち、一日喋りつづけ、募金本部の育英会事務局にもどると、喉が嗄れて声が出なくなっていた。それでも、自分に戻ってくる達成感があまりにも新鮮で大きく、彼女は夢中になって、募金の仕事に没頭した。募金者たちは一日の終りに恵比寿駅前の交番で警官立ち合いのもとに寄付金の総額を確認し、記録する。その警官が、山田のはたらきぶりに感心して、君を嫁さんにもらいたくなったと冗談をいった。彼女はそれを本部にもどって喋り、それが玉井の耳に入った。

玉井は、募金のために学生たちに向かってアジテーションをおこなうとき、山田の奮闘ぶりをしばしば例にあげた。この子は、一日の終りには声が出なくなってしまうくらい、本当によくやった。恵比寿のお巡りさんがプロポーズしたくなるくらい、ひたむきに、一生懸命にやった。ここでも玉井は賞め上手であった。山田は、玉井が自分をしっかり見ていてくれると感じた。彼女は二年目のつどいからリーダーとして招かれ、それは卒業後もつづいた。

大西は、玉井にたいする評価を改めたきっかけとして、思いあたるものはないという。ただ、かれにたいして一番感謝したいのは仲間を多勢つくってくれたこと、「あしながおじさん」制度のような世直しの仕組をつくってくれたことである。

多感な高校生時代に、父親がいない、交通事故でなくなったということは、友だちにいえない。三〇代も半ばをすぎれば親の死はよくあることだし、相続のもめごともめずらしくない。しかし、十代の女の子はそれを口に出せない。とても暗い過去をもっているようで恥ずかしい。仮に学校に自分以外にもうひとり交通遺児がいても、精々、同情しあうだけだろう。しかし、玉井が、交通遺児育英会という組織をつくって、沢山の仲間を集め、情報をあたえ、君たちはどうするかと問いかけてくれると、暗い過去を忘れて、自分たちの力をみせてやろうという気持になることができる。募金で、見ず知らずの学生たちをオルグするのは苦しい体験だったけど、やり終ったときの達成感、満足感、自信は、その後の人生を変える力になった。つどいでも、自分史でも同じことが言える。

三人の女性たちが大学奨学生時代に接した玉井について語っていることは、要約すれば、かれは彼女たちに活動の機会をくれたということである。彼女たちはその機会に力をつくして努力し、成果をあげた。玉井は、その努力と成果をみて、女子学生観をなにほどか改めたようである。このインタビューに立ち会った柳瀬和夫は、心塾の一期生で、千葉商科大学を卒業して、母校の高校で二年間教員をしたあと、交通遺児育英会に職員として戻ってきた人物であるが、彼女たちの言い分について、つぎのような感想を述べた。

「おっしゃるとおりだと思います。ぼくらが学生時代に玉井先生に会ったころは、先生は四〇歳を少し越えたところで、元気で、運動一筋に走っていました。時代にも男性中心の雰囲気がありました。その後、時代も変り、先生も変る。もはや男性中心ではやってゆけない。先生個人としては、御結婚と夫人との死別体験が大きかった。それにあわせて、実力がある女子の大学奨学生たちが、育英会の男性中心の体質に反発しつつ、会を支えてくれたおかげがある。育英会の歴史をふり返ると、そのことを切実に感じます」。

柳瀬の言い分は、女子の大学奨学生たちのはたした貢献に正しく注目しているが、彼女たちに向けてのやや多目のリップ・サービスもふくんでいる。交通遺児育英会の男社会としての組織的体質も、それをもたらした玉井の男性中心の人間観も、抜本的に改められたという訳ではない。その組織的体質は、あしながら育英会にほぼそのままひきつがれている。これについては、教育運動家としての玉井には、自己発見ではなく、女性に男性と同様に「個」を認め、男女の対等を「ホンネ」で支持する方向に向かう自己改革が必要であろうが、それは容易なことではあるまい。それは、かれの社会運動家としての成功が、かれが率いる組織が男社会であるという事実に大きく依拠しているからである。教育運動家として要請される自己改革が、社会運動家としての自己否定に通じる恐れがあるのである。

なお、三人の女性たちにインタビューしたおり、彼女たちが期せずして一致した玉井評のひとつを書きそえておきたい。さきにいったように三人はそれぞれに夫や子どもといっしょに玉井の住居を訪問した経験をもつが、その私生活の質素さにつよい印象をうけていた。めぼしい家具は亡くなった夫人が嫁入り道具に持参してきた箪笥がひとつあるだけで、あとは彼女をまつる仏壇と絵が一枚かざられていただけであった。そのインタビュー時に玉井は後述するでっちあげられた金銭スキャンダルに悩まされていたが、あの生活ぶりをみた者としては、そのスキャンダルはためにするデマでしかないと確信をもっていえる、と三人はこもごもに語った。

彼女たちの言い分にみあう個人的経験を私もひとつ書いておこう。私は下手の横好きのゴルファーだが、四〇代半ばのその覚えはじめの時期、それに熱中したことがあった。そのころ、玉井がゴルフをやらない理由が私たちのあいだで話題になったことがある。かれは率直なもののいいかたをした。自分は巨額の資金を集めては使う社会運動家である。そのような存在として、私生活でぜいたくをしているという印象を人びとにあたえることは一切つつしまなければならない。だから自分は意識してゴルフをやらなかった。もちろん、現在、ゴルフは中流階級のスポーツのひとつであり、特別のぜいたくではないという見方が一般的であるのは知っている。しかし、「あしながおじさん」のなかにはその見方をとらず、ゴルフはぜいたくであるとみている人もいるだろう。それらの人びとからも自分は清貧の人物として信頼されなければならない。三人の女性がみた玉井の私生活の質素さは、多分にかれの好みの結果であろうが、一面においては意志的な努力のたまものでもあろうかと思われる。

X　恩返し運動の展開

1　高校生の献血運動

交通遺児育英会の運動史において恩返し運動と呼ばれる社会運動は、一九八二年からはじまり九三年までつづいている。それは高校奨学生、大学奨学生が「あしながおじさん」の恩にたいする恩返しを、社会にたいする善行の形式でおこなう社会運動である。これは、「あしながおじさん」自身は匿名の存在であるため、かれらに直接恩返しをすることができない、そこで、「あしながおじさん」の恩を社会からあたえられた恩ととらえなおし、その社会にたいして奨学生たちは報恩の社会運動をするのだと主張されていた。恩返し運動の具体的形態としては、献血運動、災害募金運動、災害遺児育英募金運動、病気遺児育英募金運動などがあり、後二者は、交通遺児育英募金運動の支援対象を災害遺児、病気遺児に拡大したものであり、それらの社会運動から、九三年にあしなが育英会が創立されることになった。この会の創立過程についてはのちにくわしく叙述し、政治社会学的考察をおこなうが、さしあたっては、交通遺児育英会が奨学生たちの社会運動を媒介にして、あしなが育英会を誕生・分立させたといっておこう。この分立を契機のひとつとして、玉井義臣は交通遺児育英会を離れ、あしなが育英会を率いるようになり、遺児の救済と教育の運動体として交通遺児育英会は形骸化し、その本質的価値はあしなが育英会に継承されていった。したがって、社会運動家としての玉井とかれが指導をした社会運動を論じるにあたって、奨学生たちの恩返し運動は格別に重要なトピックスのひとつであるといわなければならない。

恩返し運動の第一弾は、一九八二年から八三年にかけての高校奨学生たちの全国規模での献血運動であった。それが高校生の社会運動であったことは、交通遺児育英会の奨学生教育が夏のつどいのありかたなどからみるかぎり、高校生教育より大学生教育を第一義的にみていた事実と対比して、私に意外な想いをもたせていた。これには調べてみると、つぎのような事情があった。すでに述べたように、「あしながおじさん」制度は七九年にはじまり、その第二期の募集は八二年からおこなわれたが、「短足おばさん」の出現などもあって、一段と好調な伸びを示し、育英会財政における全収入の四割近くをまかなう勢いであった。制度発足時は、高校奨学生と大学奨学生の学費の支援が要請されたが、ほとんどの「あしながおじさん」の申し出は、高校奨学生への支援に集中した。少数の「あしながおじさん」からは、交通遺児が大学に進学するのは贅沢であるという異議の申し立てもあった。貧者の一灯には善意と狭量が抱きあわせで動機になっているばあいがあるのは辛い真実である。この状況のなかで、玉井は、「あしながおじさん」制度を高校奨学生の学費の支援に特定化していった。そうして、第二期の「あしながおじさん」募集のPR活動の一環として、支援された高校生の交通遺児たちが恩返しの社会活動をおこなうまでに成長したというイメージを形成する社会運動を企画したのである。

その高校奨学生の恩返し運動を献血運動としておこなうというアイディアが、だれからいつ出たのかを明確に示す資料、証言は、いまの段階ではえられない。比較的信頼できそうな推測として、それは山北洋二が出したのではないか。山北は高校生時代、大学生時代をつうじてJRC（青年赤十字奉仕団）の役員をしていたし、大学卒業後、地元の赤十字の献血センターに就職しないかと誘われたこともあった。運動の内部では、「あしながおじさん」の寄付活動と高校奨学生たちの献血活動には本質的類似があることが、早くから意識されていた。前者では、どこかのだれかである「あしながおじさん」が、どこかのだれかである交通遺児に学費を贈る。後者では、どこかのだれかである高校奨学生の交通遺児がどこかのだれかである輸血を必要とするひとのために献血をする。いずれも匿名の存在同士のあいだでの善意の奉仕活動である。恩返し運動の献血運動をつうじて、「あしながおじさん」たちは、高校奨学生たちに匿名でおこなう善意の奉仕活動を教えた。あるいは、前者の奉仕活動が後者から同質の奉仕活動を引き出したともいえる。

高校奨学生たちの献血運動はつぎの手順で進められた。玉井たちは、一九八二年五月の段階で、かれらの恩返し運動を献血運動として九月、一〇月のいずれかの一日に全国の五四都市（各都道府県で一市、六県のみ二市）でおこなうことを決定し、献血会場、献血車の手配を了えた。その年の夏の各地における高校奨学生のつどいでは、「あしながおじさん」への恩返し運動を献血運動としておこなうという提案がなされ、方法としては、遺児自身が献血をおこなう、クラス・メイトの友人たちや学校のＪＲＣの会員に呼びかけて献血をしてもらう、街頭で通行者への献血の呼びかけ、献血を申し出た者の受付の手伝いなどをするなどがあげられた。九月、一〇月の献血運動は最終的には全国で九三四一人からの献血をえている。この年のつどい参加者の高校奨学生は約二〇〇〇人であったから、かれらの五割が献血に参加したとしても、ほかに約八三〇〇人の友人たち、通行者たちを献血に動員したことになる。

この年、日本では献血制度が預血献血制度から無償献血制度に変更され、献血者の減少が心配されていた。預血献血制度とは、手術のさいに患者が輸血を受ける条件として、それにさきだって患者自身が献血をしている、あるいは患者の親族、友人などが献血をしているということが要求され、それを献血手帳によって証明するという制度であった。輸血を受けることができるという実益を約束して、献血を誘導するシステムである。これにたいして、無償献血制度は、実益の約束なしで、自発的善意のみに訴えて献血を得ようとするシステムである。前者から後者へのシステム変更が、献血率の低下をまねくのではないかという憂慮は無理からぬものであった。この状況において、高校奨学生たちの献血運動は、注目するべき有望な試みとして評価された。日本赤十字社は、血液事業部長名で、恩返し献血運動にたいして感謝の言葉を贈ってきた。

この献血運動は、マス・メディアで好意的に報道されたが、一部では、玉井と交通遺児育英会の事務局が筋書きをつくり、演出をして、それに高校奨学生たちが乗せられて踊っているだけだというシニカルな見方もあった。これは恩返し運動の全過程にくり返しよせられた批判であり、のちの災害遺児育英募金運動のばあいには政治家や高級官僚の一部が悪意をこめていいたてる批判にもなった。奨学生たちの社会運動は、結局は、交通遺児育英会のエゴイズムの表明であるというのである。これらの見方、批判について一考しておきたい。たしかに、全国の五四都市で一斉に献血をおこない、呼びかける社会運動が、高校奨学生たちだけによって企画・実施される訳はない。そこには、おとなの組織による指導と援助が必要である。しかし、その組織的働きかけは、高校奨学生たちの自発的な行為を誘発することができるものでなければ、かれらの献血運動の盛り上りと成功はなかった。

小河光治は交通遺児で愛知県立犬山南高校二年生のとき、この第一回の献血運動に参加した。かれは翌年三月には犬山南高の集団献血、愛知県下縦断献血のオーガナイザーとしてはたらき、四月と九月には全国の恩返し献血運動の呼びかけ人となった。この春と秋の全国運動はともに一万人余の献血者の動員に成功している。かれは明治大学に進学して心塾に入塾、災害遺児育英募金運動では主軸の運動家たちのひとりになるが、その活動はのちに述べる。最近、小河にインタビューをして、その高校生時代、献血運動に打ちこんでいたころの心理をふり返ってもらった。かれは、交通遺児育英会事務局が書いた運動のシナリオがあっただろうといいつつ、そのシナリオと自分と仲間の交通遺児たちが生きたい生きかたのベクトルがぴったり一致していたんですといういいかたをした。そのベクトルを決定した条件として、かれはつぎの四つをあげた。(1)世の中は不平等であると感じていた。かれの父親は交通事故による重度後遺症者として七年半、寝たきり状態のあと死亡し、かれの家族は貧困のどん底にあった。(2)かれの生徒会の仲間が八二年末に白血病で死亡したが、通夜のおり、その父親から輸血のための血液の確保に苦労した体験を聞かされた。その死を無駄にしたくなかった。(3)かれは小、中、高等学校時代をつうじて児童会、生徒会の会長などをつとめ、社会的関心がつよい子どもであった。社会にはたらきかけたいと思っていた。(4)つどいで「あしながおじさんの手紙」というパンフレットを読まされ、その善意にもとづく恩を実感した。社会への恩返しは自分の倫理的義務であると思った。

八四年以降、恩返し運動の献血運動は、各都道府県単位でおこなわれるようになった。これは同年から全国規模の恩返し運動が、災害遺児育英募金運動としておこなわれるようになったためである。交通遺児育英会は八三年、八四年に「交通遺児の社会参加――献血運動調査」をおこなったが、このための調査票とその調査結果の報告書の主要部分は樽川典子(白梅学園短期大学講師、現在筑波大学助教授)が執筆した。これによると、献血運動は、交通遺児たちに社会に貢献する活動の機会をあたえ、社会的関心をつよめ、自己変革をうながし、積極性、自信をやしない、仲間との連帯を体験させた。また、彼女は、この運動に参加しつつ、仲間づくりや活動を楽しんだという報告が少なからずあったのが印象的であるともいっている。樽川は、この調査のデータにもとづき、のちに「日本における血液事業と献血行動」という独創的な論文を書き、広く注目を集めた。これは、専門誌に発表されたあと、日本赤十字社がPR用の出版物に再録している。この献血運動が動員した献血者の総数は、八八年までで六万人を超えたと推計されている。

2　災害遺児育英募金運動

一九八三年五月一三日、交通遺児育英会の第二九回理事会・評議員会が開催された。その席上、理事である緒方富雄・東京大学名誉教授が「交通遺児はほかの遺児よりも恵まれている水準に到達した。会の活動をほかの遺児にまで拡げるべき時期にきている」という趣旨の発言をした。これにたいして、評議員の門司亮・衆議院議員、萩原忠三・全国人権擁護委員会連合会副会長、穴吹俊士・高松交通遺児を励ます会会長などから賛成の発言があいついだ。さまざまな立場にたつ理事・評議員たちがこの意見で一致したところをみると、交通遺児育英会内部で事業対象の遺児の範囲を拡大するのは当然のことだという見解が有力になってきていたことがわかる。専務理事としての玉井義臣は、交通遺児に社会災害遺児をつけくわえることならば、現在の会の規約の範囲でもできるのではないかと発言している。

この見解が有力になってきた背景には、八二年からの第二期の「あしながおじさん」の募集がさきに述べたように非常に快調であったという事情があった。それは交通遺児育英会の財政を富裕化させ、交通遺児のための奨学金や各種の貸付金の水準を大幅に引き上げることを可能にしていた。一例だけいうと、交通遺児育英会は八二年に高校奨学金を公立高校で二万五〇〇〇円、私立高校で三万円に引き上げたが、同年の日本育英会の高校奨学金の一般貸与は国公立高で七〇〇〇円、私立高校で一万八〇〇〇円であった。交通遺児育英会の高校奨学金は日本育英会のそれに比較して、公立高校では約三倍半、私立高校でも約一・七倍の高水準にあった。しかも、高校奨学生の採用は、交通遺児育英会では志望者は原則として全員採用されるが、日本育英会では平均値程度の学力基準以上の志望者でないと採用されないことになっていた。交通遺児のみがこの高水準の奨学金制度を利用することができるのであった。交通遺児育英会の財政にゆとりがあるのならば、ほかの災害遺児たちにも奨学金を貸与することができるように制度を変更するべきではないかという考えかたがあらわれるのは自然のことであった。

前記の理事会、評議員会のあとをうけて、玉井は、事務局のスタッフの会議をひらき、その年の夏の高校奨学生のつどいでとりあげる恩返し運動の第二弾として、前年にひきつづく献血運動と災害募金運動を決定した。かれは、災害遺児を対象とした奨学金制度をつくるための災害遺児育英募金運動の構想をすでにもっていたが、運動に参加する交通遺児たちとかれらがはたらきかける一般の人びとの理解をえやすくするために、まず、直近の一年以内におこった著名な災害をあげてその被災者のための募金をおこなうことにした。著名な災害としては、北海道の夕張炭坑災害、秋田県の日本海中部地震、島根県の集中豪雨、長崎県の大水害の四つがえらばれた。

つどいでは、高校奨学生たちとリーダーの大学奨学生たちに、恩返し運動の新しい展開として、交通遺児家庭より困っている人びとはいないか、かれらのために交通遺児はなにができるかという問いかけ、災害による被災者のための募金への動機づけをおこなった。九月二五日を統一募金日として、全国各地で高校奨学生が募金をおこない、二二八四万円余を集めった。なお、そのあと、東京都三宅島で噴火がおこり被災者が出たので、さきの四つの災害にこれをくわえ、一〇月から一一月にかけてそれぞれの地域の知事や市長をつうじて寄付を贈った。

ついで一一月二七日、玉井は、熊本市で災害遺児育英募金とはっきり銘打った募金活動を試行してみた。地方都市を最初の舞台にえらんだのは、ひとつには前年の献血運動で小河光治の活躍によって名古屋市が抜群の成績をあげており、それによって従来の交通遺児育英会の運動が大都市圏内にややかたよっておこなわれがちであったのが反省されたためであった。献血運動は愛知発、災害遺児育英募金運動は熊本発、というキャッチ・フレーズが工夫された。いずれも全国運動に向かうというのである。地方都市のなかで熊本市をえらんだのは、当時、細川護煕が熊本県知事をしており、かれの協力がえられるということがあったためである。これは、玉井が災害遺児育英募金を最初に地方都市で試行しようと考え、どこか適当な土地がないだろうかと朝日新聞社の伊藤正孝に相談したところ、伊藤がかれを細川に紹介してくれた結果であった。細川は同社の新人記者時代、伊藤の指導をうけており、以来、かれらは懇意にしていた。それともうひとつ、熊本には国立電波高専三年生の宇都宮忍という交通遺児の奨学生がおり、かれが災害募金をつうじて運動家としての才能を示し、玉井がそれに注目していたということもあった。一地方における募金のささやかな試行のひとつでも、運動の可能性をさぐるさまざまな思惑がこめられ、利用しうる人脈のすべてが動員されるのである。

一一月一七日、宇都宮は、熊本市中央公民館に県下の高校奨学生たちの有志を集め、災害遺児育英募金運動を提案し、参加者をつのった。高校奨学生たちは口々に発言した。私は交通遺児育英会の奨学金があったので高校に進学できた。この奨学金がなければ進学を諦めるしかなかった。災害遺児にも同じような奨学金制度が必要なはずだ。それに、つどいに出て、遺児の仲間に出会って、苦しいのは自分だけではないのがよくわかった。災害遺児にもつどいを経験させてやりたい。災害遺児の母親たちも、遺児にせめて高校までは卒業させたいと思っているにちがいない。交通遺児たちは自らの生活体験から災害遺児のための奨学金制度の必要をたちまち理解した。

一一月二七日、熊本市内の三ケ所で約八〇人の高校奨学生、大学奨学生たちが街頭募金をおこなった。細川知事は開会式に出席し、熊本から災害遺児育英募金運動がはじまることは誇らしい。この運動が全国に広がってゆくように行政の側から応援したい。県下の災害遺児の実態調査はおまかせください、と挨拶した。かれは、その後、募金者として奨学生たちといっしょに街頭に立ち、通行する人びとへの訴えもやってくれた。この日一日の募金額は一一万円余であった。玉井は現地に張りついてこの経過を観察しながら、災害遺児育英募金運動が成功のかなり大きな可能性をもっていると予感しはじめていた。

宇都宮は、一二月四日、東京でひらかれた「第一一回交通遺児と母親の全国大会」に出席して、災害遺児家庭の全国規模の実態調査を、政府と各党の代表者に要請した。また、かれは、そこに集まっていた高校奨学生、大学奨学生たちに、災害遺児育英募金を恩返し運動の第三弾にしようと提案して、全員の賛成をえた。

年があけて、一九八四年一月一八日、福岡県三井三池有明鉱で坑内に火災が発生、死者八三人という大惨事となった。博多市には前年の災害募金運動で指導者として頭角をあらわした、福岡商業高二年生の半田真由美という交通遺児がいた。玉井は半田をオーガナイザーに起用して、三井三池災害遺児育英募金を企画した。運動は死者たちが残した遺児たちが九八人いることを確認したうえで、半田が九州七県と沖縄県の交通遺児たちを動員して一月二九日に街頭募金を実施した。また、一週間あとには、北海道、首都圏、近畿圏、ほか三県でも交通遺児たちによる募金がおこなわれた。街頭募金のほかに郵便振替の口座をつくって募金するという試みもおこなった。これらによる募金の最終総額は約七四二万円となった。その内訳は、街頭募金で一九二万円余、郵送募金で五四八万円余であった。この募金は奥田福岡県知事をつうじて、三井三池鉱の遺児たちに贈られた。

3　災害遺児の高校進学をすすめる会(一)

一九八四年三月二三日、交通遺児育英会の第三〇回理事会・評議員会の席で緒方理事は、前年にひきつづき、交通遺児育英会は交通遺児にあわせて災害遺児をも支援の対象とするべきである、そのために会の名称を変更するのも一案で、交通遺児育英会を正式名称として残すにしても、こころ会という通称をつけたらどうだろう、などと発言した。緒方は心塾の名付親であり、その教育の理想をたかく評価していたので、学生寮の名称を会全体の通称に転用しようとしたのだと思われる。また、かれは、交通遺児が災害遺児という同じ境遇の人びとを助けたいと思うのは人間として自然な感情、あるべき感情である、これは、総務庁、文部省など監督官庁も理解してくれるはずだとも主張した。老教授は若者たちの運動に共感しており、その正論は出席者たちの心を深く打った。石井理事長は議長席から発言して、奨学生たちが災害遺児を思いやる気持を、会として育ててゆきたいと出席者たちの反応を要約した。

五月四日、永野重雄会長が死去した。一九六九年の会の発足以来、一五年間、玉井がはたらきたいようにはたらかせてくれた会長であった。六月二〇日、交通遺児育英会の臨時理事会は二代目会長として武田豊を選任した。席上、新会長にたいして、緒方理事、岡嶋理事は、この会を災害遺児に救援の手をさしのべる会に発展させてほしいという要望を述べた。新会長は、恩返し運動は正鵠を射た立派な運動である、現在の日本社会が真に必要としている道徳運動であると評価し、要望を実現するために一所懸命がんばりたいと応じた。

理事会の意向がこのように固まってゆくのを見計らいながら、玉井は、五月二九日、全国の大学奨学生たちのうち社会運動家としての資質、才能をもつとかねてから目をつけていた一六人を東京に集めて、会合をひらき、災害遺児育英募金運動を成功させるための方法を話し合わせた。一六人の奨学生たちの当時の所属大学・学年と卒業後の就職先は表27のとおりであるが、玉井はその時点での手持ちの人材をほぼ総動員したとみられる。かれらは、それから一九八八年の災害遺児育英制度の発足までそれぞれによくはたらいたが、とくに機軸的

表 27　災害遺児育英募金運動の活動家たちの所属大学と就職先

氏　名	所属大学・学年	就　職　先
村山武彦	東京工大大学院1年生	東京工業大学
川崎本博	大阪府立大大学院1年生	ポリプラスチック研究本部
金木正夫	東京大学医学部6年生	東京大学
下村　学	岐阜大4年生	日本スピナー
松浦孝司	明治大4年生	安田火災海上保険
岩橋良員	大阪府立大4年生	社会福祉法人第二田川学園
梅木真治	山梨大3年生	日本電装
坂本忠篤	法政大3年生	リクルート
小林　卓	早稲田大3年生	NHK
中村紀幸	秋田大3年生	秋田市立高清水小学校
若宮靖史	広島大3年生	広島県立安西高等学校
高武尚志	九州産業大2年生	福岡県志摩町立中学校
北沢和彦	中央大2年生	NHK
小池浩二	九州産業大2年生	マイスターコンサルタント(自営)
吉村成夫	早稲田大1年生	朝日新聞社
小河光治	明治大1年生	あしなが育英会

な役割をはたしたのは最年少の二人、吉村成夫と小河光治であった。かれらは大学在学中にいずれもブラジル留学を一年経験しているので、在学期間は五年間になるが、その期間がそのまま災害遺児育英制度をつくり出す運動の四年間と制度発足直後の一年間とにかさなった。この運動の中核組織は一九八四年につくられた災害遺児の高校進学をすすめる会であったが、その世話人代表を、最初の三年は吉村が、つぎの五年は小河がつとめている。

かれらはともに心塾生であり、高校奨学生時代に恩返し運動でオーガナイザーとして出色の働きをして玉井に認められた。小河の生活史には献血運動の記述のなかでふれたので、ここでは吉村の生活史にふれておきたい。京都市生まれ、奈良県東大寺学園高校卒業、早稲田大学第一文学部へ進学、心塾入塾。かれが中学三年生のとき、父親がバイク通勤中の交通事故で死亡したので、母親がデパートではたらき息子二人を育てたが、生活は貧しかった。この母親は、過労から角膜ヘルペスをわずらい、失明している。吉村の兄が病弱で医療費がかさむのも家計には大きい負担となった。吉村は、高校時代は交通遺児育英会の奨学金と新聞配達のアルバイトの報酬で学費と生活費の一部をまかない、大学時代は交通遺児育英会の奨学金と日本育英会の奨学金をあわせて受けて学費、生活費のすべてをまかなった。かれは、玉井好みの秀才で、正義感がつよく、演説をさせても、文章を書かせても、きわだつ能力を示し、十代のころから運動の「顔」であった。災害遺児育英運動史をとおしてみてゆくと、前半はシャープな運動家・吉村が先導し、後半はタフな運動家・小河が仕上げを担ったとみえる。玉井は最適の手駒二枚をもっとも有効につかいわけた。かれの人材を早期に発見し、惹きつけ、駆使する才能にあらためて感じ入らざるをえない。

さて、災害遺児育英制度の創出をめざして、交通遺児育英会は災害遺児の高校進学をすすめる会と連携しつつ、一九八四年から八九年にかけて多様な内容の社会運動を展開するのだが、その主要な局面は三つあった。すなわち、災害遺児育英募金運動、災害遺児家庭の実態調査、災害遺児奨学金制度にたいする国家による財政支援の要求運動、である。時期区分でいえば、八四年から八七年までが第一期、八八年、八九年が第二期とみることができる。第一期には募金運動は二億一〇〇〇万円あまりの資金を蓄積し、実態調査は災害遺児家庭の生

表 28　災害遺児育英募金の推移 ── 名称，時期，金額

募金の名称	時期	金額
熊本市の災害遺児育英募金	1983 年 11 月 27 日	11 万円*
第 0 回災害遺児育英募金	83 年 10 月～84 年 7 月	194 万円*
三井三池遺児育英募金	84 年 1 月～2 月	741 万円
第 1 回災害遺児育英募金	84 年 8 月～85 年 1 月	1,115 万円*
長野県西部地震災害遺児育英募金	84 年 9 月～10 月	653 万円
第 2 回災害遺児育英募金	85 年 2 月～7 月	408 万円*
三菱高島炭鉱災害遺児育英募金	85 年 4 月	27 万円
三菱夕張災害遺児育英募金	85 年 5 月～6 月	637 万円
第 3 回災害遺児育英募金	85 年 8 月～86 年 1 月	2,039 万円*
第 4 回災害遺児育英募金	86 年 2 月～7 月	192 万円*
第 5 回災害遺児育英募金	86 年 8 月～87 年 1 月	208 万円*
全国学生交通遺児育英募金事務局からの寄付	87 年 2 月～7 月	6,455 万円*
同上	87 年 8 月～88 年 1 月	9,523 万円*
歳末緊急災害遺児育英募金	87 年 12 月 13 日	1,092 万円*
プール額計		2 億 1,237 万円

注：＊印はプールされた金額，無印はそのつど被災地の災害遺児に贈られた．

活の困窮ぶりをあきらかにして社会的注目をあつめたが、財政支援をもとめる政府へのはたらきかけが成果をあげなかった。当時の中曾根首相、竹下首相からは好意的な返事をもらっていたが、文部省が徹底したサボタージュをおこない、事態が進展しなかったのである。つづいて、第二期、この問題をめぐって、交通遺児育英会と政府・自民党の抗争が深刻化、泥沼化し、そのなかで八八年、災害遺児奨学金制度は国家による財政援助がいっさいないままに発足することになった。この間のいくつかの出来事は、その後の玉井とかれが率いる社会運動に大きい、

見方によっては決定的な影響をおよぼすことになる。

まず、第一期の運動の主要局面からみてゆこう。この時期に災害遺児の高校進学をすすめる会によっておこなわれた災害遺児育英募金の名称、期間、寄付金総額は表28に示すとおりである。募金は、やがて発足する災害遺児奨学金制度のために資金をプールするものと、そのつど特定の災害によって生じた災害遺児に寄付を贈呈するものとに二分される。前者では、八四年秋、八五年秋の募金の成績がよかったが、八五年は活動家たちを働かせすぎたので、八六年はかれらを休養させ、制度の必要のPRなどに主力を注いだ。それによってこの年の募金額は落ちこんだ。ここまでは、全国学生交通遺児育英募金と災害遺児育英募金は二本立てでおこなわれてきたが、前者に比較すると後者は集金力が格段に弱いので、一九八七年から両者を前者に一本化しておこない、前者の募金事務局からすすめる会に募金額の半分を寄付するという方法がとられることになった。これによって、八七年には一億五九〇〇万円余がすすめる会に寄付され、同会自体も歳末緊急災害遺児募金で一〇〇〇万円余を集めたので、同会のプールされた資金量は飛躍的に増大して、二億一〇〇〇万円余にまで伸びた。

4　災害遺児の高校進学をすすめる会(二)

政府に災害遺児家庭の実態調査をおこなってほしいという要望は、最初、一九八三年一二月の第一一回交通遺児と母親の全国大会で出され、翌八四年一二月の第一二回大会でもくり返し出された。その結果、八五年二月一四日、災害遺児の高校進学をすすめる会の陳情にたいして、中曾根首相がその実施を確約するにいたった。ところが、文部省は予算がとれなかったのでその調査をおこなうことができないといい、交通遺児育英会にその調査をやってほしい、そうなれば文部省は実施面で学校に手伝わせるなどの協力を惜しまないとつよく要望してきた。交通遺児育英会は、奨学生たちが恩返し運動の一環としてすすめてきた災害遺児育英制度の設立のための調査であるから、奨学生の教育のために、同会がそれを引き受けることには意義があるとして、文部省の要望に応じた。同会は私に調査の企画、調査票の作成、結果のとりまとめなどを委託した。これは「災害遺児および交通遺児などの実態調査」としておこなわれ、災害遺児にかんしていえば、一万四五〇人の名簿と災害遺児世帯の一六％は被保護世帯であるなどの基礎データをもたらした。

いまになって振り返って考えてみると、文部省が予算がとれなかったといって交通遺児育英会に仕事の肩代わりをもとめてきたところには、同省がこの仕事と交通遺児育英会をどうみていたかが示唆されているように思われる。この規模の調査であるから、予算は数百万円程度のものであっただろう。しかもその実施を首相が確約したのである。同省にこの仕事を本当にやる気があれば、その程度の経費を工面することなどきわめてたやすいことであっただろう。裏返していえば、文部省にはやる気がなかった。同省の意向を推測すれば、玉井と交通遺児育英会は政治家にはたらきかけて、いつでも余計な仕事を役所にもちこんでくる、一々それにまともにつきあっていられるか、というあたりではないか。それといまひとつ、文部省は交通遺児育英会を財政にゆとりがある団体とみていた。その団体が新しい事業をするためにおこなう調査である、自前の費用でそれをやるのが当然だろうと、同省は考えていたはずである。

それでも、前記の調査の実施をつうじて、災害遺児、災害遺児家庭というばあいの災害の定義を確定したのは収穫であった。私は、厚生省大臣官房統計情報部編『人口動態統計・下巻』(年次刊行物)における「疾病、傷害および死因統計分類の分類体系」の「XV損傷・中毒」のための「損傷・中毒の外因の補助分類」に注目し(表29)、ただし、調査の目的からこれに二点で修正をくわえた。すなわち、(1)交通遺児育英会の運動の過程で交通遺児の概念がまず確立し、ついでそれとは区別される災害遺児の概念があらわれたのであるから、中分類の「自動車事故」は災害の範囲からのぞいた。(2)故意的加害からは「他殺、他人の加害」のみを災害として、「自殺・自傷」は災害の範囲からのぞいた。「自殺・自傷」については、いっぽうではそれは常識的に理解された災害の範囲にふくまれないという見解があり、たほうではそれは遺家族にとっては災害以外のなにものでもないという主張があったが、運動が世論の支持をえるためにはとりあえずは常識的理解に従うべきであろうと考えて、前者の見解に従った。しかし、後にあしなが育英会は後者の主張を受容するようになっている。これについては後述する。以上のように限定された災害の種類について、それぞれの年間におこった実数を確認して、それが小さいものは他とあわせ、また、その名称をなるべく平易にして、最終的にはつぎの八つを調査票のなかでつかう災害の分類とした。

1　自動車事故以外の交通事故(鉄道事故、船の沈没、飛行機のついらくなど)。

- 交通機関事故
  - 鉄道事故(E800-E807)
  - 自動車事故
    - 交通事故(E810-E819)
    - その他(E820-E825)
  - その他の道路交通機関事故(E826-E829)
  - 水上交通機関事故(E830-E838)
  - 航空機・宇宙船事故(E840-E845)
  - その他の交通機関事故(E846-E848)
- その他の事故
  - 中毒
    - 医薬品(E850-E858)
    - 固体・液体・ガス・蒸気(E860-E869)
  - 診療上の事故・異常反応・後発合併症(E870-E879)
  - 墜落(E880-E888)
  - 火災・火焔(E890-E899)
  - 自然・環境要因(E900-E909)
  - 溺水・窒息・異物(E910-E915)
  - その他(E916-E928)
  - 医薬品の有用作用(E930-E949)
- 事故の後遺症(E929)
- 故意的加害
  - 自殺・自傷(E950-E959)
  - 他殺・他人の加害(E960-E969)
  - 法的介入(E970-E978)
  - 不慮か故意か未決定(E980-E989)
  - 戦争行為(E990-E999)

資料出所：厚生省大臣官房統計情報部編『昭和 58 年人口動態統計(下巻)』1985 年，p. 13.

表 29　損傷・中毒の外因の補助分類(E800-E999)

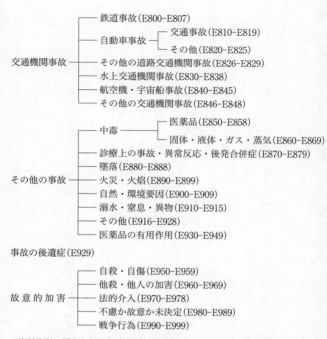

2　中毒(ガス中毒、アルコール中毒、薬品による中毒など)。
3　ついらく(階段からのついらく、はしごからのついらく、井戸へのついらく、転倒など)。
4　火災、火焔。
5　自然災害(落雷、洪水、地震、津波、寒さ、暑さ、飢え、渇きなどによるもの、動物にかまれたもの、有害の動・植物によるもの)。
6　溺死、窒息。
7　犯罪による被害。
8　その他(具体的に書いて下さい)。

「災害遺児および交通遺児の実態調査」をおこないながら、玉井は、交通遺児育英会が独自の立場で災害遺児家庭の生活と苦悩をよりいきいきと描き出す調査をおこなうべきだと考えた。私は、その判断に賛成したうえで、徹底した事例調査とそれによる知見にもとづく大量観察の全国調査の二つをおこなうことを進言した。事例調査を先行させるべきだとしたのは、ひとつには私の研究グループの調査方法の定跡によってであったが、いまひとつには私が知るかぎり災害遺児家庭の全体の調査は日本の社会学でははじめておこなわれるものであるので、対象の多様性をなるべく具体的に把握したうえで調査票を作成したいと考えたからであった。

この二つの調査は、私が研究代表者となり、樽川典子、畠中宗一(沖縄キリスト教短期大学助教授、現在大阪市立大学教授)、藤村正之(筑波大学大学院、現在上智大学教授)、小高良友(筑波大学大学院、現在東海女子大学教授)などが研究協力者となって、おこなわれた。藤村は、この調査のデータから、のちに「悲哀感情の社会学・序説」という秀作を執筆することになる。事例調査は、われわれに吉村以下の災害遺児の高校進学をすすめる会のメンバーも協力した。

調査結果のプレス発表は、事例発表分は九月五日、全国調査分は一一月三〇日におこなわれ、ほとんどのマス・メディアがこれらを大きく報道した。たとえば、全国調査分では「朝日新聞」は七段、「毎日新聞」は三段、「読売新聞」は横に幅広く二段の記事になっている。膨大な調査結果の全体を紹介することはできないが、各メディアが共通して注目した主要トピックスを列記すると、つぎのとおりである。(1)既存の官庁統計を組み合わせて推計を試みると、調査時点の日本には、二〇歳未満の災害遺児が約六万五〇〇〇人、存在する。そのうち小、中学校に在籍するものは約二万九〇〇〇人。(2)災害遺児家庭を生じさせた災害の上位五位は、「溺死・窒息」二〇・四%、「ついらく」二〇・四%、「その他(落下物、機械などによる)」一九・九%、「犯罪による被害」八・五%、「自動車事故以外の交通事故」八・三%。(3)死亡した被害者の遺児にたいする続柄は、父親が九四・二%と大部分であり、したがって災害遺児家庭の大多数は母子家庭である。災害の五七・四%までが仕事中のものである。労働災害と認定されたもの四八・四%。(4)災害遺児家庭の母親の平均月収は九万六八〇〇円、世帯の平均月収は一八万二〇〇〇円、後者は全国勤労者三人世帯の平均月収の五二・三%でしかない。生活保護基準以下の収入でくらす世帯が二三・九%。(5)調査時点で小・中学校生徒である遺児の高校進学について、教育費の見通しを訊くと、「確実に出せる」一五・七%、「なんとか出せる」五一・〇％、「出せない」五・九％、「わからない」一一・七％。災害遺児奨学金制度は、六九・八％が「つくってほしい」と回答してきた。

以上に述べた募金実績と調査結果を説得材料としつつ、玉井は、交通遺児育英会と災害遺児の高校進学をすすめる会の運動家たちを総動員して、政府と自由民主党に国庫からの財政的支援をともなう災害遺児育英制度の設立を要求していった。その過程のすべてをくわしく追うことはできないが、主な節目のみをひろってみておけば、すでに、一九八六年中に中曾根首相と竹下自民党幹事長が制度設立にある程度は積極的な姿勢を示している。すなわち、同年二月六日、衆議院予算委員会で矢野公明党書記長の同制度設立の要求にたいして、中曾根首相は「文部省に検討させ、関係省庁とよく相談させる」と回答した。また、一二月一五日、第一四回交通遺児と母親の全国大会で竹下自民党幹事長が「災害遺児育英制度の確立に向かって、文部省をはじめとする関係各省庁の協議を促進させる」と回答したのであった。

その後、一九八七年に入って、首相と幹事長が約束した協議を文部省が秋までサボタージュし、すすめる会がそれに気づいて、同省を非難するなどの曲折があった。しかし、一〇月末から一一月にかけて、すすめる会の世話人代表・小河光治と学生募金事務局長・村上憲一などが文部省に出向き、三回、協議をおこなって、災害遺児育英制度は交通遺児育英会の事業対象範囲を拡大して実施するという点では、すすめる会と文部省が合意するにいたった。しかし、すすめる会からこの件で要望をうけた交通遺児育英会は、この制度の財源をめぐっては国庫からの補助金を要求し、それなしでは財政的に運営する自信がないと主張し、すすめる会はこの主張を文部省にとりついだが、文部省はすすめる会で財源を確保してほしいと要求するのみで、両者の合意は成立しなかった。協議は一時的に膠着状態に落ちこんだ。

小河はこの段階では組織間交渉について単なる連絡将校ではなく、一定の範囲で独自の判断をくだすところまで成長していた。しかし、さきの財源にかんするかれの主張は、玉井の意向を体したものであった。結果論であることは重々承知していうのであるが、この判断が、災害遺児育英制度にかかわる運動の、ひいては交通遺児育英会の運動全体の第一の分岐点であった。玉井は文部省の意向を受け入れることもできたし、拒むこともできた。かれは拒否をえらんだ。この玉井の判断をどう評価するか。それは次章で論じる。

5　一九八八年

八七年末から八八年春にかけて、玉井と交通遺児育英会は政府、とくに文部省と息づまるような攻防戦をくり返しつつ、四月二〇日、災害遺児の高校進学をすすめる会にプールしてあった資金のみで災害遺児奨学金制度の設立・実施に踏み切らせるという選択をするにいたった。同日からすすめる会は、災害遺児高校一年生の奨学金の募集もはじめた。

その攻防戦の経過にわずかにふれる。年末にこの制度の設立をめぐって与野党の党首会談がひらかれ、全野党党首が、同制度の八八年度実施と予算措置を要求した。竹下首相は「私にまかせてほしい」と回答し、宮沢喜一蔵相は「予算措置は予備費で検討する」と回答した。あわせて首相は、この件にかんする政府窓口を文部省から内閣の内政審議室にうつすと言明した。これは文部省のそれまでのかたくなな対応が内閣の政治的失点につながりかねないのを警戒したのであろう。そのあと、三月に災害遺児育英制度を日本育英会がとくに採用基準を緩和して実施することを準備中という新聞報道があり、すすめる会が反発し、内政審議室長が報道内容をつよく否定するという一幕があった。これは文部省側の巻き返し作戦の一環が未然につぶされたということにちがいない。

竹下首相は四月に入ってからも、災害遺児育英制度を発足させ、四月一日にさかのぼって実施するなどと積極的発言をくり返した。しかし、四月一五日、自民党文教部会と文教制度調査会は文教合同会議を開催し、この制度についての自民党案を、(1)同制度を交通遺児育英会に実施させる。(2)その財源はすべて民間にまかなわせる。国庫からの補助はおこなわず、公営競技団体から二〇〇〇万円の助成を要請するという案をつくった。これは前年秋に文部省とすすめる会の協議がものわかれにおわったときの文部省側の主張とほとんど同一で、わずかに公営ギャンブルからの二〇〇〇万円の助成がつけくわえられたところだけが変化していた。文部官僚は自民党の文教族議員をつかって、自省の主張を自民党案として成立させたのである。これによって、前年からの首相や蔵相の言明は吹きとんでしまい、ただのリップ・サービスとなってしまった。しかも、そののちは、かれらも自民党案の実現に向かって進むほかはない。役人たちが政治家たちをおどらせるのである。官僚統治国家・日本の真面目がここにみられる、というべきか。

災害遺児の高校進学をすすめる会による災害遺児奨学金制度のいわゆる見切り発車のあと、

与野党政策担当者会議が同制度について協議し、五月からは同会議が超党派の専門家会議を設置して、そこで協議がつづけられたが、実質的な進展はいっさいなかった。五月二四日の専門家会議において自民党委員はさきの自民党案をくり返し提示し、野党委員たちはそれに同意せず、とりあえずは、文部省が交通遺児育英会とすすめる会に自民党案についての意見をきくことのみを決定した。六月二日、文部省は交通遺児育英会に自民党案＝政府案をあらためて説明したうえで、受け入れるかと質問した。育英会側は、「将来、年間一三億円の資金需要が予想されるのに、その三分の一程度の補助が確実に約束されない現段階では、その案をひきつぐ自信がない」と従来からの判断をくり返した。のちになって、文部省はこのとき六四年以降の助成はかならずしも一〇〇〇万円から二〇〇〇万円にかぎるといった訳ではないといいだし、育英会はそんな話はなかったと反論したが、これは全体の流れのなかでは些細な対立でしかない。

この自民党案の拒否は、交通遺児育英会の組織的決定の形式をとっているが、これももちろん玉井の判断である。これをどう評価するか。ここでも結果論であることを重々承知していうのであるが、この自民党案の拒否が、玉井の運動の第二の分岐点であった。玉井は自民党案を受け入れることもできたし、拒むこともできた。かれは拒否をえらんだ。二つの分岐点の性格の違いは、二回目のほうがその後の事態の展開にとって決定的な影響力をもつことになったというところにある。これも次章であらためて論じる。いまは、その論議のためにまえもって踏む手順として、その後の経過を駆け足で追っておきたい。

玉井と交通遺児育英会、すすめる会は、その後、いっぽうでは自前で発足させた災害遺児奨学金制度を運営・強化しつつ、たほうで国庫助成を恒久的にともなう災害遺児奨学金制度の設立をめざす運動をつづけていった。すなわち、この年は、学生交通遺児育英募金は春と秋で総額二億七四四二万円をあつめ、その半分の一億三七二一万円をすすめる会に寄付している。また、募金にあわせて、災害遺児の「あしながおじさん」の募集をおこなった。制度の実施については、六月五日、六日には第一期災害遺児大学奨学生の採用試験をおこなっている。七月一日には、すすめる会の小河たちが、全野党党首に会い、国庫助成をともなう災害遺児奨学金制度のための国会での審議をやりなおしてほしいと申し出て、合意をえた。夏のつどいには、山中湖の大学奨学生のつどいにも、全国八会場の高校奨学生のつどいにも、災害遺児の奨学生を参加させた。さらに秋の募金後の全国反省会議では、災害遺児を励ます会を各地につくろうと提案し、年内に首都圏、東海、関西、広島、福岡などでその励ます会を誕生させた。マス・メディアはこれらの動きを、玉井たちの要請によって、そのつどにぎやかに報道しつづけた。

しかし、この間に、国会では前出の与野党専門家会議を舞台に、災害遺児育英制度をめぐって玉井たちがまったく予期していなかった新しい動きが生じていた。のちに公表されたかぎりで主要な動きのみをみておくと、九月九日、第六回与野党専門家会議に橋本龍太郎・自民党幹事長代理がはじめて出席して、つぎの提案をおこなった。(1)日本船舶振興会が新しく災害遺児育英制度を創設する、(2)制度の内容は同振興会に一任する、(3)同会はこの制度を交通遺児育英会とは切りはなして実施する。野党側はこれを党にもち帰って検討すると回答した。つづいて、一〇月七日、第七回与野党専門家会議で工藤自民党文教部会長は、前回の橋本提案を自民党案として提出し、野党側はふたたびこれを党にもち帰って検討したいと回答した。一〇月一一日、第八回与野党専門家会議では社会党委員と公明党委員が、政府案を最終案として出すべきである、自民党案は検討するにあたいしないと回答した。

これについて二つのコメントをつけておきたい。ひとつは、六月二日に交通遺児育英会が自民党案を拒否してから、九月九日に与野党専門家会議で橋本提案が出されるまでの期間に、なにが起っていたのか、である。市川裕一は、災害遺児育英制度の形成過程にかんするくわしいルポルタージュ「歪められる交通遺児の『恩返し』」を『朝日ジャーナル』一九八九年三月二四日号に発表しているが、そのなかで、災害遺児問題を検討してきた与野党議員懇談会(ママ、前記の与野党専門家会議のことではないか)の自民党代表である工藤巌・衆議院文教委員長のつぎの言明を紹介している。前記の橋本提案は「橋本龍太郎・元運輸相が船舶振興会と接衝して決められた」。これについて、工藤はのちに育英会側に「上の偉い人がやっていることなので、こちらがどうこうする訳にもゆかない」とも述べたという。市川は、これらを総合して、「実務家レベルの議員懇談会レベルとは離れたところで、より政治的な力が働いたことは否めない」と推測している。

いまひとつは、九月九日の橋本提案以後の与野党専門家会議の動きを、玉井や小河たちがどれほど認識し、どのように評価していたかである。公表された文書では、一二月一三日の

第一六回交通遺児と母親の全国大会で、自民党の工藤文教部会長などの言明によって、日本船舶振興会案が「正式判明」などとある。わざわざ正式とことわっているのであるから、かれらは非公式には野党側のメンバーなどをつうじて、かなり早くからその案が出てきたのを知っていたのだろう。知っていて、全国大会でそれをつぶせるとみていたのではないか。全国大会の討議のなかで、玉井たちは、工藤文教部会長からすすめる会の運動をたかく評価する、今後のことはすすめる会の気持を充分に尊重しておこなうという言明を引き出し、野党議員たちからも全面支援の約束をとりつけた。玉井たちはこれで船舶振興会案を完全につぶしたと考えたか、そこまでゆかずとも、大きい打撃をあたえたと考えたか。実際はつぎのような経過がつづいた。工藤は大会からの帰り道、文部省にまわり、災害遺児育英制度を担当する審議官、政務次官と会い、大会の雰囲気や玉井たちの要求をつたえた。かれはかれなりに誠意をつくしたのである。しかし、審議官も政務次官もかれの言い分にいっさいとりあわず、船舶振興会案で進むことに決まっておりますから、とくり返すだけであった。与党の文教部会長でも官僚の意向にそむくときにはこういう具合にあしらわれるのである。しかし、玉井たちが橋本提案のてごわさを充分に認識するのは、つぎの年に入ってからであった。なお、この大会で民社党のある議員が船舶振興会案を最初支持して、その理由を、交通遺児には多額の資金が集まるが、災害遺児にはそれは望めない、したがって災害遺児にはより低い水準の奨学金を貸与することになろう、そのためには実施主体を別団体にしたほうがよいなどと発言していた。この発言に、玉井や小河は警戒心をとがらせた。

6　一九八九年

交通遺児育英会に災害遺児奨学金制度を実施させること、その制度に必要経費の三分の一程度の国庫からの財政支援を恒久的におこなうこと。この二つが玉井と交通遺児育英会、災害遺児の高校進学をすすめる会の政府と自民党にたいする要求であった。第一の要求については早くから合意が成立していた。しかし、玉井たちは二つの要求がともにかなえられねばならないと主張しつづけ、形式上は交通遺児育英会の外部ですすめる会に災害遺児奨学金制度を実施させた。この政治状況は日本船舶振興会という新しいアクターの登場という新事態を誘発した。それまでは、玉井と交通遺児育英会、政府、自民党が三つの主要アクターであったのにたいして、四番目のアクターが出現したのである。この新しいアクターは、制度の設立において玉井と交通遺児育英会にたいする競争相手であった。

一九八九年、玉井と交通遺児育英会の運動はそれまでより困難なものになった。前年までは、政府と自民党というアクターは、かれらの仕事にたいして一定の範囲で協力をしたり、それ以上の協力を拒むという存在であった。ところが、日本船舶振興会というアクターは、端的にいえば、豊富な資金をもち、かれらと仕事を奪いあうのである。このアクターの登場によって、政府と自民党という従来のアクターが玉井たちに向ける敵意はいっそう露骨に表現されることになった。その困難な状況のなかで、玉井と交通遺児育英会は、競争相手が災害遺児育英制度を設立することは辛うじて阻止したが、自らが望ましいとするその制度を設立することもできなかった。俗ないいかたをすれば、勝負は引き分け、あるいは痛み分けに終った。しかし、玉井たちがこうむった痛手はもっとも大きかった。

一九八九年は、災害遺児の高校進学をすすめる会が前年末に浮上した日本船舶振興会案をきびしく批判する一連の動きからはじまった。その先頭に立ったのは同会会長の小河光治であった。「朝日新聞」一月二〇日朝刊の「論壇」にかれは「災害遺児育英に新財団は不要――交通遺児育英会の適用拡大こそ筋」という小論文を発表しているが、これはすすめる会の言い分をコンパクトにまとめたものになっている。かれは前年までの同会の運動経過を紹介したうえで、船舶振興会が新財団をつくるという案について、「すすめる会の意向を聞かずに、政府・自民党が独自に準備を進めているのは甚だ遺憾だ」と主張した。かれは政府・自民党の案は三つの理由で禍根をのこすという。「(1)育英財団を新設すれば、(文部官僚の)天下りポストはできるが、奨学金より(運営の)経費に金が食われムダが多い。(2)新制度は『すすめる会』の奨学金より貸与金額を低くするというが、なぜ新たに『悪貨』をつくるのか。(3)遺児にとって奨学金貸与のみならず、交通遺児育英会の実施している宿泊研修などの精神的サポートが必要だし、同会が経営する学生寮を活用すれば貧しくても大学進学が可能になる」。

小河のこの主張は、あらためていうまでもないが、文部官僚にとってきわめて不愉快なものであった。市川裕一は前出のルポルタージュのなかで、交通遺児育英会と文部省の対立が感情的なものになっていると指摘し、文部省の前畑審議官が小河のいう三つの理由にたいして、「怒りをあらわに」しつつ反論したという。「①天下りなんてとんでもない。経費はやり方次第で減らせる。②(奨学金の)額が低くなるなどとはこちらは一言もいっていない。③精神的サポートや学寮は交通遺児育英会のほうで補ってくれてもよいではないか」。小河は有能な運動家であったが、このとき、まだ二二歳の若者である。その若者の言葉に文部省の審議官が「怒りをあらわに」するとは大人気ないようだが、その怒りは小河の背後にいる玉井に向けられたものであった。

小河がさきの小論文を発表した翌一月二一日、与野党党首会談がひらかれ、野党党首たちは災害遺児奨学金制度の創設、すすめる会の意向の尊重を要求したが、竹下首相の回答は煮えきらないものであった。一月二四日、平成元年度政府予算案が閣議了承されるが、同制度のための予算は計上されていなかった。一月三一日、第九回与野党専門家会議で、自民党の工藤文教委員長は次回に船舶振興会の新財団案の具体的内容を発表したいという申し出をした。すすめる会は、これをきっかけに政府・自民党が新財団案で強行突破をおこなうのではないかと判断し、それに反対する陳情活動をいっそう強めた。

その後、リクルート問題と呼ばれた贈収賄問題が発覚して国会はしばらく空転し、災害遺児育英制度をめぐる政党間の協議は停滞した。すすめる会は、この問題について日本船舶振興会との話し合いをもとめ、同会はこれに応じて、三月二二日、すすめる会会長の小河と日本船舶振興会の吉松昌彦総務部長代理の会見が実現した。この日、小河とかれの仲間は、振興会からさしまわしのロールスロイスに乗せられて、同会の国際平和会館に向かい、そのV

IP用らしい応接間にとおされた。若者たちを相手に、丁重といえば丁重、こけおどしといえばこけおどしの演出の応接であった。その席で吉松は振興会側の意向をつぎのように述べた。

(1) 昨年秋、文部省より振興会に災害遺児育英制度に協力してほしいという依頼があった。ただし、「すすめる会」や与野党の合意がえられないかぎり、同会としてはその事業をはじめるつもりはない。

(2) 同会としては、この事業のために三〇億円から五〇億円程度の規模の財源をもつ新財団の構想をもっている。その運営にあたっては、同会の笹川陽平会長代理は、小河たちを理事にむかえて、いっしょにやりたいと願っている。遺児の精神的サポートについても指導してほしい。

(3) 奨学金制度の具体的内容については、まだなにも決定していない。文部省ともこれについて話し合いをしたことがない。これをやるということになったら、文部省およびすすめる会と協議するつもりである。

さすがに智恵者がいて智恵を存分に出したと感じさせる意向表明であった。(1)は、それ自体としては、すすめる会が望むところである。振興会側の真意は、反対運動でさわぎたてられるのは避けたいということであっただろう。(2)は、すすめる会にたいする露骨な懐柔策である。しかし、災害遺児のためになることだからと言われると、無下に断る訳にもゆかない申し出となっていた。(3)は、文字どおり受けとれば、制度の具体的内容への批判を一切封じこんでいる。文部省と協議するというところが、わずかに、すすめる会のそれまでの方針とちがっているが、それだけではつよい批判をすることはできなかった。

7　苦境のはじまり

最近私がおこなったインタビューで、小河は、(2)の申し出はその場で断ったが、なんといって断ったのか憶えていないと語った。予想外の破格の申し出に、かれも動転してしまったのだろう。その後、玉井と小河たちは、この船舶振興会の意向を批判して、交通遺児育英会に国庫の助成をともなった災害遺児育英制度を設立させよという要求をつづけるのだが、批判の論拠の説明はつぎのようにやや苦しげなものにならざるをえなかった。すなわち、(1)われわれの恩返し運動、それを支えた「あしながおじさん」の善意などを無視するのか。(2)ギャンブルのあがりだけで奨学金をまかなうのは、災害遺児奨学生がかわいそうだ。(3)制度の具体的内容がわからない。

(1)は恩返し運動などを無視する訳ではない。そちらはそちらでやったらよいだろう、と言われるとおしまいである。それにたいして、われわれだけがやるのだと言いつのれば、それはあなたがたのエゴイズムだと言われることになる。代表的な再反論を二例あげる。四月二一日、小河たちが文部省大学局学生課の喜多課長に面会したとき、同課長はかれらの抗議に反論して言った。「交通遺児育英会だけで災害遺児育英事業を独占する必要はないでしょう。日本船舶振興会がその事業をおこなう財団を準備しているのは事実です。災害遺児のためにやりたいという人びとが君ら以外にいれば、その人びともやってよいでしょう」。また、秋になってから、国会でこの問題が最終的に審議されたおり、一〇月一九日の衆議院予算委員会で橋本蔵相は答弁で語った。「既存団体のエゴイズムが事態の解決を遅らせている。せっかく各党が合意し、数年越しで話し合い、ひとつの解決策が目の前にあるのだから、既存の団体の利害得失からこの問題を論議するのではなく、災害遺児に一番スマートに手をのばしてゆくためにはどうすればいいかという視点にもう一度返って、関係者が考えてもらいたい」。

蔵相がいう既存団体は交通遺児育英会のことである。交通遺児育英会は一九六九年の発足以来、つねに交通遺児と交通遺児家庭という社会の犠牲者、社会的弱者を擁護して、正義を体現してきていた。公式の席では同会はつねにそのような存在として賞賛され、敬意をはらわれてきた。もちろん、一部の官僚たち、政治家たちが同会に面白くない気分をもつことはあったが、それは内輪の席で語られたにすぎない。ところが、ここではじめて、衆議院予算委員会という公式の場で、橋本龍太郎という有力な政治家によって、交通遺児育英会はそのエゴイズムを非難されたのである。のちに橋本は「エゴイズムという言葉がいけなければ取り消しましょう」と言ったが、発言の趣旨は変更しなかった。玉井や小河、かれらと運動をともにしてきた人びとは橋本発言にはげしく反発したが、世論の一定の範囲にとってはそれが一定の説得力をもったのは否定しえない。交通遺児育英会の運動史は橋本を悪玉にしてこの事件を片づけているが、私は、この事件の意味はそれでは充分に解明されないと思っている。この八九年秋の橋本発言から、のちに述べる九三年春の交通遺児育英会理事会の内紛、玉井の同会専務理事の辞任までを一連の事態としてとらえる必要がある。

論拠の(1)の言い分にたいする再反論を無視しえないという事情があって、さきにいった論拠の(2)とそれに関連する感情論への傾斜が、運動のなかで目立ってきた。交通遺児育英会は春の学生募金のおりに「ボクらは笹川さんよりあしながおじさんに応援してほしい」という文面のビラを街頭で配らせ、ギャンブルによる財源から奨学金が出ることへの不快感を訴え、日本船舶振興会の新財団案に反対した。「朝日新聞」六月四日は、そのニュースを、「あしながおじさん『ギャンブルはだめ』、災害遺児奨学金、カネの色に学生反発、船舶振興会へ自民が一任案、国庫補助制求める学生」などの見出しで六段で大きく報道した。見出しのなかで二度も学生という言葉をいれ、学生たちによる反対を演出しているが、それは交通遺児育英会、災害遺児の高校進学をすすめる会の示唆によるものであって、本当の反対者は二つの会である。しかし、両会自身には「カネの色」に反発と言えない事情があった。すすめる会の小河光治会長と船舶振興会の笹川陽平理事長は六月に往復書簡をかわし、それらは交通遺児育英会の機関紙に公表されたが、そこではつぎのような論争がおこなわれていた。

まず、六月三日付で、小河が、すすめる会が独自にはじめた災害遺児育英制度を交通遺児育英会にひきついでもらうつもりだ、船舶振興会は新財団づくりを止めてほしいと要望した。これにたいして、六月九日付で、笹川は、先日の会見のおり、ギャンブルの金だからいやだというのかと訊いたら、そんなことはないと君たちは言った。そこで新財団構想への協力を望んだのに、正式の返事がないまま、ビラはまく、新聞に一方的に自分たちの意見を発表するのはフェアではないと抗議した。六月一四日付で、小河は、五項目の弁明をおこなうが、ギャンブルのあがりの件についてのものだけ紹介する。交通遺児育英会もかつて船舶振興会から助成をうけたことがあり、私たちはギャンブルの金だからいけないとは考えていない。ただし、ギャンブルのお金が財源の一〇〇パーセントである奨学金では、災害遺児の奨学生がかわいそうだと思うのだ。私たちは体験によって、遺児は「あしながおじさん」の愛を必要としていることを知っているから。この弁明はかなり苦しげである。くわしくはいわないが、ギャンブルのあがりだけが財源では奨学生がかわいそうだというのはセンチメンタリズム以外のなにものでもあるまい。「カネの色」にはこだわらないから、奨学金がほしいというタフな遺児たちもいくらでもいたはずであった。そういえば、「カネに色はついていませんから」という科白は、なにのおりだったか忘れてしまったが、私は、玉井からはじめて聞かされたのであった。金は金だから、どんな金でも、いかしてつかえばよいというような意味だったとおもう。私は、自分のライフ・コースのなかでそれまで聞いたことがないその科白に、かれのタフな合理主義を認識して感心したものである。

一九八九年春には、船舶振興会は災害遺児育英制度を実施するための準備をほとんど終っていたらしい。同会から申請があれば、文部省は一週間で新財団の設立を許可することになっていた。しかし、それが実現しないままに、その年は経過していった。その理由は、ひとつには交通遺児育英会側の抵抗がはげしかったからであり、いまひとつには船舶振興会がその抵抗を押し切って敵役になるのを嫌ったためであろう。その結末はつぎのようになった。年末、一二月二五日、与野党専門家会議がひらかれ、翌年二月の総選挙後にすすめる会を同会議にまねき、意見を十分に聞き、結論を出そうという合意が成立した。この合意は実行されなかった。

XI　過剰成功と問題の性格変化

1　黒字体質と黒字倒産

一九八三年に話をもどすことにする。この年は、第二期の「あしながおじさん」の二年目であり、その募集は快調に進行しており、交通遺児育英会の財政は安定したようにみえた。五月の理事会のあと、玉井義臣は、夏のつどいで恩返し運動第二弾としてなにをテーマとするかを検討するために、事務局のスタッフの会議を開催した。そこで前年からの献血運動にあわせて災害募金運動がとりあげられることが決定され、後者は翌年には災害遺児育英募金運動に発展してゆく。ここまでは、先行する章において述べた。この会議の冒頭、玉井は、交通遺児育英会がおかれている状況、会が将来直面するにちがいない新しい危機について、スタッフがはじめて聞く分析を語った。スタッフの何人かは、その分析の一部をそれまでに薄々感得していたが、玉井はその全体を一挙に体系的に語ったのである。それは、この天才運動家のめざましい洞察力を示していた。

その分析のなかで、玉井は、黒字体質と黒字倒産という言葉をつかった。スタッフはそれらの言葉をそのときはじめて聞き、それらは強い印象を残した。私は、それらはこの造語の名手がつくり出した作品であろうと考えてきたが、あるいは兜町あたりでつかわれる言葉かもしれない。玉井は、交通遺児育英会は黒字体質となった、このままゆくと黒字倒産の恐れがあると語ったのである。黒字体質とは会の収入が支出を上まわって増えつづけ、黒字が拡大しつづける財政のありかたである。黒字倒産とは比喩的な言いかたであるが、大きい資金があるのにそれにふさわしい規模の事業がみつからない、または、それにふさわしくない規模に事業を縮小しなければならない事態になって、その結果、会の存在意義が社会によって認められなくなり、会が運動体として存立しえなくなる状態をさしていた。営利企業組織であれば財政黒字の増大はひたすら望ましいことである。そこでは成功は大きいほどよく、過剰成功はありえなかった。これにたいして、社会運動組織にとっては、もちろん財政赤字は避けなければならないものであったが、大きすぎる財政黒字は会の存在意義を疑わせるものであった。成功は、失敗と過剰成功の中間にあるのである。それでは、黒字倒産から逃れるために、なにが必要か。交通遺児のための奨学金制度のこれ以上の拡大は望めない。だから、会の事業を災害遺児奨学金制度にまで拡大しなければならないと、玉井は語った。

玉井の予測は、スタッフの優秀な連中にとって圧倒的なリアリティをもっていた。そのリアリティを裏付ける主要な事実は、つぎの二つであった。

第一。交通遺児育英会の財政は、急速に富裕化してきていたし、その傾向がそれから加速されることは予想しうることであった。これを統計資料で裏付けておこう。

すでに述べたように、一九七六年から七八年にかけての三年間、交通遺児育英会の財政は赤字つづきで、毎年、支出が収入を上まわった。その主要な原因は、一五億円ちかい心塾の建設費であった。これによって、七八年の年度末の運用財産は五億二六〇〇万円にまで減少し、それのみでは、七九年度の半ばまでしか奨学金の貸付ができないと、同会は財政危機を訴え、同年度に第一期の「あしながおじさん」の募集をはじめた。しかし、七九年度には、一定の返還金、利子、補助金、従来からのひきつづきの寄付が入ってくるのだし、心塾の建設費の支出はなくなるのであるから、さきの危機キャンペーンには危機の誇張の気味あいがあった。

七九年度からはじまった、第一期の「あしながおじさん」制度は、八一年度までの三年間、毎年、三億円台の収入をもたらし、八二年度からの第二期の「あしながおじさん」制度は、八四年度までの三年間、毎年、六億円台の収入をもたらした。ここまでは、すでに述べている。この「あしながおじさん」の寄付を有力要因のひとつとしつつ、交通遺児育英会の財政は毎年、黒字をつづけ、富裕化していった。表30の「収入と支出の差」の欄をみてほしい。七九年六億四〇〇〇万円、八〇年三億一四〇〇万円、八一年二億円、八二年六億三八〇〇万円と黒字がつづいている。ここまでの黒字の累計額は一七億九二〇〇万円になる。この黒字の圧力は運用財産の拡大では吸収しきれない、つまり、黒字を支出でつかいきれないので、この年、基本財産を二二億円に拡大する。この状況で、玉井の黒字体質、黒字倒産という予測発言が出るのである。「収入と支出の差」の欄をつづけてみてほしい。それは八四年に三億八三〇〇万円の黒字で対前年で減額を記録するが、黒字累計額は二〇億円を超えた。そう

表 30　交通遺児育英会の財政構造(単位：100 万円)

	収入合計=A	支出合計=B	収入と支出の差=A－B	基本財産=C	運用財産=D	財産合計=C＋D
1979	2,041	1,401	640	1,820	1,166	2,986
80	1,807	1,493	314	1,820	1,480	3,300
81	1,963	1,763	200	1,820	1,680	3,500
82	2,487	1,849	638	2,200	1,938	4,138
83	2,502	2,012	490	2,200	2,428	4,628
84	2,491	2,108	383	2,200	2,811	5,011
85	3,039	2,100	939	2,200	3,750	5,950
86	3,178	2,053	1,125	2,200	4,875	7,075
87	3,278	2,035	1,242	3,000	5,317	8,317
88	3,348	2,181	1,167	3,500	5,984	9,484
89	3,562	2,403	1,159	4,500	6,143	10,643
90	3,758	2,479	1,279	4,500	7,422	11,922
91	3,982	2,389	1,593	5,000	8,515	13,515
92	3,721	2,340	1,471	5,500	9,494	14,994
93	3,256	2,239	1,017	6,000	9,987	15,987

して、第三期の「あしながおじさん」の時期に入ると、黒字は八五年九億三九〇〇万円とはね上がり、八六年一一億二五〇〇万円、以後、九三年までつねに毎年一〇億円台がつづくのである。これによって、基本財産は八七年に三〇億円、八八年に三五億円、八九年に四五億円、九一年に五〇億円、九二年に五五億円、九三年に六〇億円と拡大の一途をたどった。

第二。交通遺児育英会の奨学生数は、玉井が黒字体質と黒字倒産に言及した八三年の時点でみると、長期的には減少してゆくことが確実に見通せた。同年、全奨学生数は五六三一と史上の最高値を記録していた。これは、それまでの最高値、七七年の五六〇五を上まわるものであった。しかし、当時すでに確認されることができた三つの条件、(1)成人男女の交通事故による死者数の減少、(2)少子化傾向の進行、(3)自動車事故賠償責任保険の死亡支払い限度額の引き上げによって、その後の奨学生数の長期的減少は避けられないと考えられた。

交通遺児育英会の奨学生の主力は高校奨学生であるから、一八歳未満の交通遺児について考えてみよう。ある時点の全交通遺児数は、それより一八年以前からその時点までの成人男女が、父親あるいは母親として交通事故にあい、死亡して、あとに残した子どもたちである。ただし、毎年出現する交通遺児は、かれらのうちの一七歳の者は翌年一八歳となって、一八歳未満の枠からはずれ、一六歳の者は翌々年には一八歳となって、一八歳未満の枠からはずれるというようにして、年が経過するにつれて次第に減少してゆく。この考えかたによれば、一九八二年末の一八歳未満の交通遺児の全数は、その年に出現した一八歳未満の交通遺児数、前年(八一年)に出現した当時一七歳未満の交通遺児数、前々年(八〇年)に出現した当時一六歳未満の交通遺児数から、以下同じようにして、一七年まえ(六六年)に出現した当時二歳未満の交通遺児数、一八年まえ(六五年)に出現した一歳未満(ゼロ歳)の交通遺児数までの和、いっそう正確には、その和のうち八二年末に生存している者の数ということになる。以上から、一九八三年五月の玉井たちは、六五年から八二年までの一八年間の時間域に関心をよせることになった。それでは、その時間域で、さきの三条件はどのようにあらわれていたか。

一八歳未満の子どもの父親あるいは母親でありうる男女の年齢階層を、きわめておおまかに二〇歳以上五九歳以下と考えてみよう。その年齢階層の人びとの交通事故による死者数の推移は、『人口動態統計』(各年次版)によって計算すると、一九六五年からの三〇年間で、表31が示すとおりである。八三年五月、玉井とかれのスタッフには、このうち六五年から八二年までの推移がみえている。その範囲で、死者数の最高値は七〇年の九一九二、である。その前年の六九年に、かれらの交通遺児育英会は発足したのであった。その七〇年から八二年までの一三年間、三度の小さい例外があったが、成人男女の交通事故による死者数は対前年で減少をつづけ、八二年の数値は七〇年のそれのほぼ半数にまで下降してきた。その状態がつづくならば、ほかの条件が変わらないかぎり、いずれ交通遺児数は半減し、交通遺児育英会の奨学生数も半減すると予想された。

表31によって八三年以後のデータをみると、この予想は大筋で正確であったといえる。成人男女の交通事故による死者数は、八三年から微増微減をくり返しつつ、八七年までは四〇〇〇台、八八年から九四年までは五〇〇〇台で経過してゆく。

ついで、少子化の進行であるが、日本の女性の合計特殊出生率の年次推移は、玉井たちが関心をよせる時間域において、六五年の二・一四から、七〇年二・一三、七五年一・九一、八〇年一・七五、八五年一・七六と減少していた。長期的にみれば、この少子化傾向も、交通遺児数を減少させるはずであった。

さらに、自動車賠償責任保険の死亡限度額のあいつぐ引き上げによる高額化は、交通遺児家庭の多くの家計にゆとりをもたらした。この引き上げは、玉井と交通遺児育英会の社会運動、啓蒙運動の成果としてすでに記述してきたが、ここで、あらためて六〇年代、七〇年代、八〇年代の死亡限度額の推移をみると、表32に示されるとおりである。一九六四年の一〇〇万円が、七八年には二〇〇〇万円、四半世紀のあいだに二〇倍に引き上げられていた。この引き上げによって、交通遺児家庭の多くで家計にゆとりが生じ、それが交通遺児育英会の奨学金にたいする必要の部分的減退につながることが予想されるのであった。

表31　交通事故による死者数の推移(20-59歳)

年	死者数	年	死者数	年	死者数
1965	7,300	1975	5,491	1985	4,690
66	7,890	76	5,159	86	4,736
67	7,857	77	4,607	87	4,578
68	8,136	78	4,387	88	5,210
69	9,181	79	4,206	89	5,597
70	9,192	80	4,463	90	5,539
71	8,688	81	4,439	91	5,549
72	8,711	82	4,590	92	5,606
73	7,608	83	4,902	93	5,450
74	5,932	84	4,880	94	5,222

表32　自賠責保険死亡限度額の推移

引き上げ年月日	死亡限度額
1955年12月1日	30万円
1964年2月1日	100万円
1966年6月29日	150万円
1967年8月1日	300万円
1969年11月1日	500万円
1973年11月27日	1,000万円
1975年7月1日	1,500万円
1978年7月1日	2,000万円
1985年7月1日	2,500万円

表33　交通遺児育英会奨学生数の推移

	奨学生数		
	高校奨学生新規採用数	高校奨学生数	全奨学生数
1979	1,368	4,434	5,284
80	1,474	4,327	5,219
81	1,752	4,491	5,519
82	1,455	4,493	5,581
83	1,555	4,511	5,631
84	1,545	4,330	5,522
85	1,455	4,346	5,489
86	1,335	4,108	5,224
87	1,329	3,913	5,072
88	1,302	3,793	4,947
89	1,366	3,800	5,047
90	1,153	3,549	4,822
91	1,089	3,303	4,601
92	952	2,946	4,257
93	994	2,847	4,129
94	792	2,534	3,755

一九八三年の時点における交通遺児育英会の奨学生数がその後減少するであろうという予想は、そのとおりに実現した。玉井が同会専務理事を辞任する九四年までのデータを、表33に示しておく。その一二年間で、全奨学生数は五六三一から三七五五へと減少した。前者を一〇〇％とすると、後者は六六・七％にあたる。この減少は八九年に一度だけ微増の例外をはさんで、ほかはたえず対前年で減少がつづく規則的なものであったから、制度の宣伝など技術的対応によって防止することができない、時代的必然の結果であったことがわかる。なお、その期間に、高校奨学生数は四五一一から二五三四へと減少し、後者は前者の五六・二％にあたる。高校奨学生新規採用数は一五五五から七九二まで減少し、後者は前者の五〇・九％にあたる。これらの数字は、高校奨学生新規採用数でみるかぎり、奨学金にたいするニーズがすでに半減していること、高校奨学生の在学中の募集による増員や高校卒業生の進学率の上昇による

増員があっても、奨学生全数の減少という大勢をくつがえすことができなかったのを示している。

2　二つの分岐点

社会運動組織の黒字倒産とはいいえて妙であると思われる言葉だが、それがどのような状態であるか、厳密に定義することはむずかしい。前節ではそれを「大きい資金があるのにそれにふさわしい規模の事業がみつからない、または、それにふさわしくない規模に事業を縮小しなければならない事態になって、その結果、会の存在意義が社会によって認められなくなり、会が運動体として存立しえなくなった状態」と、抽象的に定義しておいた。これを具体的にいおうとすると、資金量と事業規模のあいだの対応関係の適切さの程度をどのように規定し、測定するか、さらに、会の存在意義が社会によって認められる程度や運動体として存立する程度をどのように規定し、測定するかがあきらかにされなければならない。

数理社会学の手法によるのであれば、それらの程度にふさわしい指標をえらび、指数の算出方法を工夫して、それぞれの規定・測定をおこなうことが考えられる。しかし、ここでは社会史の手法により、基本的データの経年比較のみによって、事態の本質を大づかみに示すことにする。

表30にもどって資金量と事業規模の対応関係の推移を追ってみる。一九八三年、玉井はスタッフに交通遺児育英会が黒字体質に変化したこと、そのままでは将来における黒字倒産の

危険性があることを警告した。その年の資金量として財産合計をみれば四六億二八〇〇万円、事業規模の基本指標として全奨学生数をみれば五六三一人。一〇年後の一九九三年、その年の資金量＝財産合計一五九億八七〇〇万円、全奨学生数は四二一九人。一〇年間で、資金量は三四五・四％に増大し、奨学生数は七四・九％に減少した。奨学生ひとりあたりの資金量は約四・六倍に膨張している。八三年にすでに黒字体質と言い、全財政の富裕化傾向が自覚されていたのであるから、一〇年後の九三年のこれら数字は、資金量と事業規模との対応関係において、前者が過剰の方向に大きく逸脱しているとみざるをえない。

この指摘にたいしてあえて弁護を試みるとすれば、つぎの方法がある。資金量＝財産合計のうち、運用財産の増大は、奨学金や教育サービスの水準引き上げのためのものであり、奨学生の学業生活のために必要なものであったから、それをふくめて資金量の過剰を言うべきではない。この弁明を妥当であると認めるならば、資金量の事業規模にたいする適正さは、基本財産にかぎって考えられることになろう。一九八三年の基本財産は二二億円、それが一〇年後の九三年には六〇億円となっており、二七二・七％への増大である。奨学生数は、この間に、さきにみたように七四・九％に減少している。奨学生ひとりあたりの資金量は、約三・六倍に膨張している。この数字によっても、資金量が過剰になってゆく傾向は否定されることができない。

基本財産の動きのみに注目すれば、収入が支出を下まわった赤字時代の三年間をふくんで、一九七五年から八一年までが一八億二〇〇〇万円、八二年から八六年までが二二億円、八七年三〇億円、それ以後は毎年平均して五億円が上のせされてゆく。それを支える条件は、八六年以降の毎年の一〇億円を上まわる黒字である。交通遺児育英会の財政は、八六、七年ごろから、可能性のレベルでは黒字倒産していたと言うべきだろう。それが現実のものとならなかったのは、この財政状態が広く社会に認識されるにいたらなかったからであった。

黒字倒産が現実のものとならないうちに、交通遺児育英会は、災害遺児育英制度を発足させて、黒字を解消し、その圧力から解放される必要があった。八三年五月、玉井はその必要を明確に認識していた。以上から、災害遺児育英制度の設立をめざす動機は、玉井と交通遺児育英会の理事者たち、運動家たちにおいて二つあったというべきである。ひとつは、前章冒頭ちかくで紹介した緒方教授の発言に典型的にうかがわれるような人道主義にもとづく動機であり、災害遺児の教育を第一義的目標とするものである。いまひとつは、本章冒頭で紹介した玉井の発言に直截にあらわれる組織・運動本位の動機であり、具体的には交通遺児育英会の維持と発展を第一義的目標とするものである。玉井自身は、これら二つの動機をともにもちあわせていたが、かれの内部で両者の関係は微妙な性格をもっており、それは丁寧に説明されなければならない。のちにそれを試みる。

黒字体質と黒字倒産というキイ・ワードをつかって、一九八三年以降の交通遺児育英会と玉井の社会的行為の経過を追ってきた。これを背景にして、前章において二つの分岐点と呼んだかれの判断を検討・評価したい。くりかえして確認しておくと、第一の分岐点とは、一九八七年一一月、文部省が交通遺児育英会に災害遺児育英制度を実施してほしい、財源はそちらで確保してもらいたいと申し入れてきたのにたいして、玉井が、国庫からの助成なしではその制度を財政的に運営することができないと拒否したのをさしている。第二の分岐点とは、八八年六月、文部省が育英会に災害遺児制度を実施してほしい、財源は公営ギャンブルから二〇〇〇万円を助成するが、あとはそちらで確保してもらいたいという自民党案を受け入れるかとたずねてきたのにたいして、玉井が、将来、年間一三億円の資金需要が予想されるので、その三分の一、四億円余りの国庫からの補助がないと同制度を財政的に運営する自信がないと拒否したのをさしている。

八七年一一月の第一の拒否についていえば、その前年八六年の育英会財政は黒字が一一億二五〇〇万円。八八年六月の第二の拒否についていえば、その前年の八七年の育英会財政は黒字が一二億四二〇〇万円、黒字の圧力を解消するために基本財産を八億円増額して三〇億円としているのである。国庫からの助成として要求した四億円は育英会で負担しうる資金量であった。これらの拒否にふれて、前章で私が、玉井は文部省の申し入れを拒否することもできたし、受け入れることもできたと述べた根拠はあきらかであろう。国庫からの助成がなくとも、育英会は災害遺児育英制度を実施する財政的体力を充分にもちあわせていた。黒字倒産を回避するために、同会は独力でその制度を実施するべきであった。玉井は二度の拒否によって、かれ自身も望んでいたその回避の機会を逃したのである。それらの拒否は、とくに二度目のそれは、運動家としてのかれの決定的な判断ミスであったといわざるをえない。

玉井の子飼いの運動家たちに、八七、八年の時点で交通遺児育英会は災害遺児育英制度を独力で実施することができたと思うかと訊くと、皆がそう思うと答える。運動家の第一世代の吉川明も、第三世代の小河光治も、そう思うと私にいった。しかし、玉井は二度の拒否をくり返し、運動は苦しい局面に入ってゆくことになった。これは、交通遺児育英会という運動組織の問題状況としてみれば、トップの玉井が誤った判断をくだしたときに、それを誤っていると直言してその修正を要求する参謀たちがいなかったということである。かれの周囲にいる若い運動家たちはカリスマ的運動家としての玉井に心酔しており、かれの命令にしたがって忠実によくはたらき、戦術の行使ではそれぞれに才能を示すが、ボスの戦略の決定に異議を申し立てることはなかった。玉井自身、そのような異議の申し立てをする人材を身内に育成する努力をしてきたとはいいがたい。

3　判断ミスはなぜ生じたか

それにしても、玉井は、なぜ、八七、八年のこの判断ミスをおかしたのか。この問いは、本書の執筆において私が遭遇しなければならない、回答がもっとも困難な問いである。一九六九年の交通遺児育英会の発足以来、それまで、かれは、運動の基本戦略の設定でつねに正しく、誤ったことがなかった。個別の企画でみても、ゆっくり歩こう運動の失速、母子家庭の母親の雇用促進法の挫折などの二つを例外として、ほかは連戦連勝といってよかった。この社会運動家が、どうして、その判断ミスをおかしたのか。

すでにややくどく述べてきた交通遺児育英会の財政状況などから判断するかぎり、私のような運動の素人がみても、玉井は、八七年の文部省案、あるいは八八年の自民党案を受け入れるべきであった。そうすることで、交通遺児育英会の業務は交通遺児育英制度と災害遺児育英制度の二本立てとなって発展し、同会の財政は黒字の圧力から解放されたはずである。しかし、玉井はそれらの提案を拒否した。これは前記の財政状況などの認識とは区別される別の意識的要因が、かれの内部ではたらいていたことを示唆する。しかし、それがなにであるのかは、私は確証をもってあきらかにすることができない。

玉井自身にインタビューをして、この困難な問いへの回答の糸口をつかもうとしても、これまでのところうまくゆかなかった。楽屋話に深入りするつもりはないが、二点はいっておきたい。ひとつは黒字倒産発言をめぐってである。一九九三年の交通遺児育英会の理事会でかれは同会財政が黒字体質になってきたと述べた記録がある。それをさして、私が、この指摘をあなたは一〇年まえの八三年にスタッフのまえですでにしていますねといった。それにたいして、かれは、いや黒字体質に気づいたのは、その(九三年の)一、二年まえだと強弁するのである。八三年の黒字体質云々の言及は、スタッフが証言しており確かである。ここからは、かれが、八〇年代をとおして黒字体質などに気づいていなかったことにしておきたいという願望をもっていることが読みとれるのである。

いまひとつは、八七、八年の二度の拒否回答にふれてのことである。私は、かれに、あのとき交通遺児育英会は災害遺児育英制度をひきうけることができたのではないかと、たずねた。これは言外にあなたの判断ミスがあったのではないかといっている。これにたいして、かれは、もしそうしていたら、のちに高級官僚ＯＢが交通遺児育英会を乗っ取ったおりに、交通遺児育英制度と災害遺児育英制度の双方を奪われることになっただろうと応じた。これは言外に二度の拒否回答にもとづき、災害遺児育英制度を交通遺児育英会の外部で発足させたので、それだけでも奪われずにすんだ、不幸の一部を回避しえた、だから拒否回答は正しかったといっている。この結果論のノンセンスにはのちほどふれる。いまは、この応答から、かれが二度の拒否回答を正当化したいという願望をもっていることを読みとっておきたい。

私にいまいえるのはつぎのことくらいである。玉井は八三年の黒字体質、黒字倒産発言にみられるように、かれが指導する運動の財政状況、ひいては将来展望において、正確な認識をもっていた。その認識から導きだされる、交通遺児育英会は災害遺児育英制度をとりこむべきだという運動戦略は妥当なものであった。しかし、その認識とは区別されるほかの意識的要因がかれの内部にあり、それらによって、かれは災害遺児育英制度への国庫助成に固執して、判断ミスをおかした。その意識的要因として、仮説構成風に三つのものを想定する。

第一。交通遺児育英会の財政黒字について玉井にはたがいに対立する矛盾した意識があった。すなわち、(1)まず、すでに紹介した黒字体質、黒字倒産の発言に示されるような正確な理性的認識があった。これは交通遺児育英会の社会運動を発展させてゆくために、必要かつ有効な認識であった。(2)つぎに、財政黒字をかくしておきたいという願望があった。大著『交通遺児育英会二十年史』は、同会の財政をあつかう章で、収入の構成をくわしく述べるが、支出の構成には一切ふれず、黒字の存在にもまったく言及しない。(3)前項の願望は、ときに財政黒字はなかったことにしたい、さらに進んでは、なかったという虚偽意識に転化することさえあった。それは本人が虚偽と意識していない虚偽意識である。私のインタビューへの答えにその一例がみられる。(2)、(3)の背景には、運動の初期段階で会財政の危機を社会にアッピールして、寄付などにより財源の確保に成功してきた歴史的体験があった。あらためていうまでもないが、(1)と(2)、(3)は矛盾する。この矛盾によって、(1)のみからならば簡単に引き出せる、国庫助成をともなわない災害遺児育英制度の実施という路線が選択されなかった。

第二。社会運動家としての玉井は、運動のための資金動員と人員動員、かれが好んでつかう言葉でいえば金集めと人集めにおいて、ほかの人物がけっして及ばない能力と資質をもち、実績をあげてきた。その実績は、企業や政府の権力とはげしく闘争して、獲得してきたものであった。この実績と闘争にかれはつよい自負の感情をもっていた。そのかれにとって、八七年の文部省案や八八年の自民党案を受け入れることは、自負心が許さなかったのではないか。文部省などを力で押し切り、国庫助成をえて災害遺児育英制度を発足させることが、運動家としての自分にふさわしい仕事であると、かれは考えていた。八七、八年の二度の拒否回答とそれにつづく事態の報告をきいて、ある若い研究者は、六九年に玉井が日本自動車工業会につよく迫って、二億円の寄付の申し出を拒否して、一〇億円を寄付させたさいの手際を連想するといった。自動車工業会は力でねじふせられたが、政府相手ではそうはいかなかったということですか、と彼女はいった。それを踏まえていえば、社会運動家は、初期の勝ち戦さのパターンを踏襲しつづけて、のちに敗け戦さの憂き目にあうことがある。これはその一例か。

第三。玉井には、交通遺児と災害遺児の関係について、たがいに対立する矛盾した意識があった。すなわち、(1)ひとつは、交通遺児と災害遺児は死別遺児として同じであるという認識である。これは、交通遺児育英会の発足前後からのかれの公式言明に一貫してみいだされる。なぜ交通遺児のみを遺児のなかで優遇するのかという批判にたいして、かれは、交通遺児救済を突破口にして全遺児救済をめざすのだと答えるのがつねであった。そこでは交通遺児とほかの死別遺児は本質において同一であるという認識があった。(2)しかし、いまひとつ、交通遺児は死別遺児のなかで別格の存在であるという認識があった。日本経済の高度成長、その原因でもあり結果でもあるモータリゼーション、それによって多発した交通事故がうみだした交通遺児と交通遺児家庭は、繁栄する社会の犠牲者である。そのような存在として、交通遺児はほかの死別遺児より優先的に救済されるべきであると、かれは考えていた。かれは、(1)を「タテマエ」、(2)を「ホンネ」として使いわけていた。災害遺児育英制度の財政を、交通遺児育英会の資金で一〇〇%まかなうことは、もちろん寄付行為を改正したうえでのことだが、(1)によれば当然であったが、(2)によれば抵抗が感じられた。この抵抗が、同制度にたいする国庫助成の要求への執着となったのではないか。

4　交通遺児の生活史

一九八三年の時点で、玉井義臣とかれのスタッフは、交通遺児育英会の奨学生数が長期的にみると減少することが避けられないと見通していた。それは会財政の富裕化といっしょになって、同会の運動の将来展望に閉塞感をもたらしており、それを打破するべく災害遺児育英制度の設立が構想された。ここまではすでに述べたとおりであるが、実は、閉塞感をもたらしているのは、奨学生たちの量的減少のみではなかった。かれらの質的低下というもうひとつの事実があった。具体的にいえば、高校のランク別構成では、高校奨学生たちの進学先は、一般の高校生のそれに比較して、エリート高校の比率が小さく、底辺高校の比率が大きかった。また、高校奨学生たちの卒業後の進路を経年比較すると、四年制大学への進学率が低下してきており、大学進学者にかぎってみれば、アカデミック・ランキングの高い大学への進学者の比率が低下してきていた。これらは、奨学金の貸付業務のなかで漠然と認知されていたが、一九八七年、交通遺児育英会が私を主査として実施した「交通遺児の生活史調査」によって、統計的に証明された。

この調査は、交通遺児育英会の高校奨学生から、卒業年次によって、七二・三年卒業のグループ、七七年のグループ、八二年のグループ、八七年のグループをとりだして標本とし、一五年間での遺児の生活史の変化をあきらかにしようとした。以下、各グループを〈72・73年〉、〈77年〉、〈82年〉、〈87年〉と略記する。膨大な調査結果から三点のみを紹介する。

第一。進学先の高校をランク別にみると、交通遺児育英会の高校奨学生は、全高校生に比較して、より高いランキングの高校に進学する者の比率が小さく、より低いランキングの高校に進学する者の比率が大きい。卒業生のうち、四年制大学に進学を希望している者の比率によって、高校を五つのランクにわけた。すなわち、Ⅰ＝八一―一〇〇％、Ⅱ＝六一―八〇％、Ⅲ＝四一―六〇％、Ⅳ＝二一―四〇％、Ⅴ＝〇―二〇％、である。これによってみると、〈87年〉の同会の高校奨学生と同年卒業の全高校生と比較すると、ⅠからⅣまでに在学した比率は後者でより高く、Ⅴに在学した比率は前者でより高い。Ⅰに在学した者の比率は、同会の高校奨学生で六・〇％、全高校生で一二・〇％である。ⅠからⅢまでに在学した者の比率の小計は、同会の高校奨学生で二五・五％、全高校生で三六・五％、である。これにたいして、底辺校のⅤに在学した者の比率は、同会の高校奨学生で五〇・七％、全高校生では四四・五％である(表34)。高校のランク別にみて、同会の高校奨学生の学歴は相対的に低い。

第二。交通遺児育英会の高校奨学生で四年制大学に進学する者の比率は、継時的に観察すると、次第に低下してきていた。男女あわせてみると、その比率は〈72・73年〉で二三・〇％、〈77年〉で二三・〇％、〈82年〉で一六・三％、〈87年〉で一四・〇％、と推移していた(表35)。また、同会の高校奨学生で卒業後四年制大学に進学した者を一〇〇％として、そのなかで、アカデミック・ランキングが比較的高い大学に進学した者の比率も低下していた。仮りに、その範疇に属する大学として、(1)旧制帝国大学、(2)早稲田大学、慶応義塾大学、(3)国公立大学、(4)戦前からの私立大学を一括して、そこに進学した者の比率の小計をもとめると、〈72・73

表 34　高校ランク・全高校生との比較(87 年グループ)(単位%)

ランク	I	II	III	IV	V	不明
交通遺児	6.0	9.4	10.1	14.4	50.7	9.4
全高校生	12.0	11.0	13.5	14.6	44.5	4.4

表 35　高校卒業後の進路(単位%)

	グループ	大学	短大	専門学校	浪人	就職	その他	無回答
全体	合　計	18.5	9.3	13.2	4.6	50.6	1.1	2.7
	87 年	14.0	10.9	14.7	10.7	47.1	1.0	1.6
	82 年	16.3	9.3	14.6	2.6	53.9	0.8	2.6
	77 年	23.0	8.5	11.7	1.3	50.9	1.7	3.0
	72・73 年	23.0	7.9	10.8	1.8	51.9	1.1	3.4
男	小　計	27.9	2.0	9.0	7.7	50.2	0.8	2.4
	87 年	20.0	2.4	11.2	18.5	45.9	0.9	1.2
	82 年	26.3	3.5	8.5	3.1	56.0	—	2.7
	77 年	34.8	0.7	9.4	2.5	47.8	1.1	3.6
	72・73 年	33.6	1.3	5.7	3.1	52.8	1.3	2.2
女	小　計	8.9	16.7	17.6	1.6	51.1	1.5	2.6
	87 年	7.9	19.4	18.2	2.9	48.2	1.2	2.1
	82 年	6.7	14.8	20.4	2.2	51.9	1.5	2.6
	77 年	10.3	16.9	14.2	—	54.4	2.3	1.9
	72・73 年	11.8	15.1	16.5	0.5	51.4	0.9	3.8

年〉で二九・二％、〈77年〉で二九・二％、〈82年〉で二四・一％、〈87年〉で一二・三％、となった。あらためていうまでもないが、この比率の下降線は、四年制大学への進学率が一五年間で半分ちかくに落ちこんでいるのだから、実質的にはもっと急角度に下降している。これにたいして、短期大学、専門学校に進学する者の比率は上昇してきていた（表35）。同会の高校奨学生の学歴は、高等教育をうける機会でみても低下してきており、それは八〇年代に入って急速に進んでいた。

第三。この学歴の低下傾向が規定して、交通遺児育英会の高校奨学生の高校卒業後、あるいは大学・短期大学などの卒業後の最初の就職先で、官公庁・大企業の比率が低下し、中小・零細企業の比率が増大していた。官公庁と従業員一〇〇〇人以上の企業に就職した者の比率の小計をもとめてみると、〈72・73年〉で四一・三％、〈77年〉で四〇・七％、〈82年〉で三二・六％、〈87年〉で三〇・九％、と推移していた。従業員規模が五〇〇人以上の企業を大企業とみなしても、同様の低下傾向がみられる。これにたいして、中小・零細企業つまり五〇〇人未満の企業に就職した者の比率は〈72・73年〉で四九・七％、〈77年〉で五一・五％、〈82年〉五八・〇％、〈87年〉六一・一％と、一貫して上昇してきていた。最初の就職先にみられる以上の傾向は、高卒か短大・専門学校卒で就職した者でとくにいちじるしく見出された。これらの傾向によって、同会高校奨学生の就職後の労働条件が継時的にみて相対的に低下していると推測された。

第一点と第二点で確認された、交通遺児育英会の高校奨学生の学歴の相対的な低さ、低下の傾向は、なにを原因としていたのか。教育社会学の一般的知見によれば、その原因と推測される調査によって確認された事実は、データの紹介は省略するが、つぎの二点である。(1)交通事故で死亡した父親あるいは母親の学歴は、同年代の男女のそれに比較して、相対的に低い。これは、交通遺児家庭の事故当時の経済的・社会的階層が一般に比較して低位に偏ることを示唆する。この階層の相対的低さ、さらに母親の学歴の相対的低さそのものが、さきに言った原因となる。(2)高校奨学生のうち、幼児期に父親を失った者の比率が継時的にみて上昇してきていた。幼児期に父親を失った交通遺児家庭のほうが、それ以外の交通遺児家庭より、遺児の高校時代に奨学金を必要とするケース、つまり相対的に貧困化するケースが、増加してきたということだろう。これは交通事故にたいする補償制度が急速に改善されたので、古い時代に交通遺児家庭になったものほど貧困化しがちであったということでもある。この貧困化もさきの原因となる。

また、この調査に先行する、われわれがおこなった各種の「交通遺児の教育調査」のデータなどからは、つぎの事態も原因であろうとみなされた。七〇年代、八〇年代に、小・中学生たちの学校外での勉強が長時間化し、高度化する一般的傾向があった。かれらは早くから学習塾に通い、家庭教師をつけられるのが普通になってきていた。受験技術は精密化し、長い年月にわたって積みあげられてゆくものになった。これにたいして、交通遺児家庭は家計の相対的な貧しさ、ひとり親が職業をもち、日中は家庭にいないことなどによって、この一般的傾向についてゆけないばあいが多かった。これによって、一般の子どもの学力・成績と、交通遺児のそれとの格差が拡大しつつあるとみられた。

この調査結果は、交通遺児育英会の運動家たちが漠然と危惧していたものを、衝撃的にはっきりと突きつけることになった。結果のプレス発表にさきだって、配布する資料を確認していたとき、山本孝史が沈鬱な表情で、「つまり、われわれの運動は、交通遺児たちを下積みサラリーマンに仕立てているということですね」と言ったのを、私は、はっきりと覚えている。山本は、交通遺児にいま少し明るい、希望がもてる未来を約束するつもりだったのに、と言いたげであった。

マス・メディアの多くも、この調査結果に注目した。その一例として『朝日ジャーナル』編集長、伊藤正孝が、同誌の巻頭「風紋」欄に執筆した「一二年戦争からの脱落」をあげておく。

「筑波大の副田義也教授は一五年にわたって交通遺児たちの生活を追っている。一九八〇年代に入って、副田教授はひとつの異変に気付いた。八七年度に行った調査は、副田教授の暗い予感を裏付けていた。／『遺児の一流高校、一流大学への進学が減った。七〇年代まで遺児の東大生が何人もいたが、いまは皆無。小学校から高校まで一二年間にわたる受験戦争に、貧しい遺児はついてゆけなくなった。』／一二月一四日の朝日新聞は、『東大生はリッチでしっかり型』と報じた。東大生の家庭の年収は八七二万円。特に高収入家庭の伸び率が大きく、九五〇万円以上が前年の二九・七％から三五・五％になった。父親は従業員千人以上の企業の管理職が目立つ。当然高学歴である」。

このような書き出しにつづいて、伊藤は、前述のわれわれの調査結果をくわしく紹介し、つぎのように結んだ。

「交通遺児育英会の創設者玉井義臣氏は『以前は貧しくても頭が良ければ短期集中型の勉強で一流大学に十分入れた。そんな例が年々減っている』と言う。／富める者はますます栄え、貧しい者はますます沈む。教育が階層分化の後押しをするようになった。知識の断片をかき集めているうちに、別の大きなものを失いかねませんよ、と言い続けるほかない」。

5　格差拡大と平準化傾向

かなりの部分はすでに言ったことであるが、玉井義臣には秀才好み、人材好みという癖があった。これは公表されたことはないが、大学奨学生の採用試験での面接のさいにも、東大生の受験生がいると、かれらのみにたいしては、玉井自身が面接することにしていた。また、大学奨学生のうちでこれはとおもう秀才、人材をみつけると、かれは、かれらを専門研究者、キャリアの国家官僚、主要なマス・メディアの記者となるように誘導するのがつねであった。かれは、交通遺児育英会の運動が一〇年を経過したときに、時期区分して、最初の一〇年は救済の時代、つぎの一〇年は教育の時代と唱えた。この教育の時代は「タテマエ」では広く遺児たちを社会に役立つ人材にすることをめざすものであったが、それとは別に「ホンネ」では大学奨学生たちのなかからかれ好みのエリートたちが輩出するようにという期待がはたらいていた。

その玉井にとって、一九八七年の「交通遺児の生活史調査」があきらかにした事実は辛いものであった。交通遺児育英会の発足から一九年目におこなわれたその調査は、むしろ、最初の一〇年が教育の時代であり、つぎの一〇年が救済の時代となっていることを示していた。この判断は、二〇〇〇年の現在からみても動かない。玉井は、九三年のあしなが育英会の発足後、運動の「顔」として、たとえば、山中湖のつどいの講師などに交通遺児の大学奨学生出身のエリートをつかっているが、華がある人材の多くは初期の一〇年の大学奨学生たちから出ている。九七年のつどいの講師はハーバード大学医学部教授、のちに慶応義塾大学医学部教授の西本征央、かれは大学奨学生第二期であった。九八年の同上の講師は前出の金木正夫、現在、ハーバード大学医学部講師、かれは大学奨学生第六期であった。この第六期が育英会発足後、ちょうど一〇年目の採用になる。

玉井が、八七年に私に「交通遺児の生活史調査」を委託し、その年の四月の心塾の入塾式で、新入塾生たちに自己紹介をさせるとき、大学名をいわせないことにしたのは、象徴的な変革であった。かれらは、出身地、姓名、大学での専攻分野のみをいって、自己紹介をした。玉井は、機関紙のコラムで、そのねらいをつぎのように解説した。

「今年から心塾では大学名は言わずにおこう、と決まったのだ。みんな〝ただの心塾生〟だけがいい。名札には、学年、部屋番号、名前だけしか書いてない。／これはちょっとした革命をおこそうとしている。時代を先取りしたい。大学の名にとらわれない『心塾生』をめざさせたい。肩書きや出身大学を言わず、『名前だけで通用する人間』になってほしいという願いがある。／(中略)僕は、大学名に優越感やコンプレックスをもちつづけるのはナンセンスだし、〝本物づくり〟の教育の邪魔になる、と思う。いま世界は空前の危機にあり、日本も例外ではない。視界の開けない海を航海している今、大学出に求められるのは『学歴』ではなく、乗組員である国民を安全に守ろうという『心』と『実力』だ」

これを読んだとき、私は微苦笑を禁じえなかった。まさによくいうよという感じである。玉井の一流大学好み、東大好みとハーバード大好み、かれがどれほどに西本や金木の存在とかれらがかれによせる敬意、信頼を誇りとしているかを私は知っている。しかし、かれは、心塾のなかで大学名をいわずにおこう、というのである。心塾教育のために、ひろくは交通遺児育英会の奨学生教育のために、それをいわないことが必要であると、かれは判断したのだ。その判断は正しかった。交通遺児のおかれている状況が変化して、それが必要になってきていた。その後、かれが自らのエリート好みの「ホンネ」をどこまでかくしおおせて、この「タテマエ」を実行することができたかは知らない。多分、ときどき「ホンネ」をもらしてしまったのではないかと思うが。しかし、大学名をいわずに暮らすということは、心塾の文化的伝統になった。よい教育はときに偽善を必要とするのである。

「交通遺児の生活史調査」があきらかにした事実は、もっとも抽象化していえば、交通遺児家庭の生活水準と一般家庭のそれとの格差が、八〇年代に入って拡大してきたということだった。交通遺児家庭は一般家庭に比較してますます貧しくなってきていた。われわれは、それを、交通遺児たちの学歴の低下をつうじて、認識したのであった。これは、一九七五年

表 36　ひとり当たり実収入での交通遺児勤労者世帯と一般勤労者世帯の比較

	1975	1976	1978	1979	1981	1982	1984	1987
交通遺児勤労者世帯ひとりあたり実収入	80.1	67.1	59.7	46.5	46.6	44.2	40.0	41.9
一般勤労者世帯ひとりあたり実収入	100.0	100.0	100.0	100.0	100.0	100.0	100.0	100.0

から八七年にかけてわれわれがおこなった交通遺児家庭の家計調査によっても、いっそう端的に確認される。調査方法などのくわしい紹介は割愛して、最終結果のみをいうが、交通遺児勤労者世帯のひとりあたり実収入と一般勤労者世帯のひとりあたり実収入を比較すると、一九七五年では、後者を一〇〇・〇%とすれば、前者は八〇・一%、であった。以後、前者の比率の推移のみを追うと、七六年六七・一%、七八年五九・七%、七九年四六・五%、八一年四六・六%、八二年四四・二%、八四年四〇・〇%、八七年四一・九%、となる(表36)。一三年間で、交通遺児家庭の生活水準と一般家庭のそれとの格差は約二〇%から約六〇%へ、三倍に拡大されたことになる。

ところが、この格差の拡大にもかかわらず、それを当事者である交通遺児家庭の成員に意識させにくくする平準化傾向が、その家庭の生活と意識に生じて、問題の性格を複雑にしていた。平準化傾向として思いつくものを二例あげる。

第一。「交通遺児の生活史調査」は、交通遺児であることを隠したい気持をもった遺児の比率が継時的にみて増加することをあきらかにした。すなわち「お父さんが事故で亡くなったあと、あなたは交通遺児であること、母子家庭であることを他人に隠したいという気持がありましたか」という問いにたいして、「あった」、「少しあった」と回答した者の比率の小計は、〈72・73年〉で二六・一%、〈77年〉で三二・四%、〈82年〉で三八・五%、〈87年〉で四〇・二%、と上昇線をたどっていた。交通遺児家庭、母子家庭であることをかくしたいという気持は、一般家庭とみられたいという気持である。生活水準の格差は拡大し、貧困化が進行しているにもかかわらず、交通遺児たちで(おそらくその母親たちでも)他人の目に映じる自らの姿が平準化していることを望む者が増えていたのである。これは、交通遺児家庭の生活水準が、一般家庭に比較して相対的には低下しているにもかかわらず、それ自体としては絶対的に向上してきたこととの反映であったのだろう。

第二。交通遺児家庭の生活水準の向上を証明する客観的データを、私はもちあわせていない。止むを得ず、主観的記憶で代用する。七〇年代後半から毎年、私は、交通遺児と母親の全国大会にゲストとして招かれ、そのときに手がけている交通遺児家庭にかんする調査の結果を報告していた。また、その後、分科会に出席して、二〇人前後の母親たちの自分史語りや日常生活のなかでの悩みや要望の訴えを聞くのをつねとしていた。この分科会で、私は、母親たちの衣裳が、それまでと比較して、急に明るく華やかに、いいかえれば同年代の普通の女性たちの衣裳のように変化してきたのを意識したことがある。災害遺児家庭のことが話題になったころであったから、八〇年代半ばちかくのことであっただろうか。女性の衣裳についての私の観察眼の正確さははなはだしく当てにならないから、私がその変化に二、三年おくれて気がついたというようなことは、充分にありうることである。したがって、時期を特定する自信はないが、八〇年代に入って、交通遺児家庭の母親たちの衣裳が平準化し、おそらくは交通遺児家庭の日常生活のほかのいくつかの生活活動も平準化したと推測されるのである。

交通遺児育英会が発足したころ、交通遺児家庭の生活問題は単純な性格で、わかりやすいものであった。事例調査で訪れた家庭の貧困状況は、古典的表現でいえば文字通り「赤貧洗うがごとき」有様で、その貧困問題から疾病問題、住宅問題、教育問題が重層的に派生していた。第VI章で紹介した、われわれがおこなった五つの調査は、それらの生活問題をあきらかにしている。そういえば、七五年に事例調査で、私がインタビューしていたところ、母親が語る貧困状況のあまりのすさまじさに、背後にひかえていた記録掛りの牧園清子(当時東京都老人総合研究所助手、現在松山大学教授)が泣き出してしまったのを思い出す。これにたいして、一〇年たった八〇年代の半ばには、交通遺児家庭の生活問題は、一般家庭との関係において、生活水準の格差は拡大しつつ、その平準化が生じているという複雑な性格、わかりにくいものに変化していた。それは、古典的な生活問題の苦難を訴えてゆくという交通遺児育英会が歴史的に確立してきた運動手法と矛盾することがあった。

6　あしなが育英会の誕生

災害遺児の高校進学をすすめる会は、一九八四年九月一日に発足し、国庫助成をともなう災害遺児育英制度の創設をめぐって文部省、総務庁などと抗争しつつ、八八年四月二〇日、独自財源による奨学金制度の実施に踏みきった。この過程の政治社会学的素描は前章と本章のこれまでの記述にみられたとおりである。

ところが、その制度を実施してみると、思いがけない事実があらわれた。災害遺児の高校進学をすすめる会の奨学金制度に出願してくる者の数が、予想を大幅に下まわって小さく、かつ伸びず、それどころか三年目からは低下してゆくのであった。まず、その事実を確認しておこう。奨学生の主力である高校奨学生のばあい、予約採用は、制度が実施されて二年目の八九年からおこなわれたが、その出願者数は八九年三七二、九〇年二九七、九一年二八六、九二年二二七、と落ちこみつづけた。これを主要な原因として、採用された高校奨学生の合計は、八八年は在学採用のみで二〇九であったものが、八九年には四三二と増加したものの、その後は、九〇年三五四、九一年二九四、九二年二〇二、と落ちこむ一方であった。

大学奨学生では採用された合計数は、八八年七、八九年四四、九〇年四八、九一年八〇、九二年八二、と微増をつづけたが、絶対値が小さいので、全制度奨学生の採用された合計数が三年目以降、減少してゆくのに歯止めをかけることができなかった。それは、八八年二一六、八九年四七六、九〇年四〇二、九一年三九一、九二年三一二、と推移した(表37)。

玉井は、一九八七年のかれの編著『災害がにくい〈災害遺児作文集〉』の巻末の「『愛の松明』のリレーを――編者あとがき」のなかで、現在のところ、二〇歳未満の災害遺児は六万五〇〇〇人、交通遺児は八万人程度が存在すると推計し、ただし、災害遺児は漸増しており、交通遺児は漸減しているので、両者の数字の大小はいずれ逆転するであろうと予測していた。

表37　災害遺児の奨学生数の推移

	高校奨学生		大学奨学生		全制度奨学生
	予約出願	採用合計	予約出願	採用合計	
1988	—	209	—	7	216
89	372	432	60	44	476
90	297	354	68	48	402
91	286	294	94	80	391
92	227	202	122	82	313

注：全制度奨学生は，高校奨学生と大学奨学生に，専修学校，各種学校，大学院の奨学生をあわせたもの．

災害遺児が六万五〇〇〇人という数字は、八五年に私が主査としておこなった調査で各種官庁統計をくみあわせて推計したものであり、玉井はそれを引用している。しかし、私は、その時点において、交通遺児が八万人という数字は実際より過大であろう、災害遺児数と交通遺児数の逆転はすでにおこっているであろうとみていた。玉井は、交通遺児育英会の運動のなかでかつて交通遺児は一〇万人いると主張しており、その後、年間の交通事故による死者数が半減したのを考えあわせると、その数字を減少させなければならないが、運動の重要性を印象づけるためにはなるべく大きい数字を出しておきたいという思惑もあって、八万人といっているらしかった。

しかし、いずれの推計が正しいにせよ、災害遺児の奨学生数と交通遺児の奨学生数はある程度似通うものになるはずであった。それが、さきの五年間の幅のなかでみると、災害遺児では各年に採用された奨学生数の合計は八九年の四七六が最高値である。ところが、同年の交通遺児育英会が採用した奨学生数は、高校奨学生一三六六、大学奨学生三三四、専修学校奨学生八六、大学院奨学生ほか一〇、合計一七九六となっている。この年の採用された奨学生数の割合は、災害遺児一にたいして、交通遺児約三・八となる。データの紹介は省略するが、この倍率はその後九二年まで拡大しつづけることになった。

交通遺児育英会と災害遺児の高校進学をすすめる会が奨学生を採用するさいの選抜方法はよく似ていたから、さきの事態が生じた基本的原因は、奨学金の貸与を申し込んでくる者が、交通遺児に比較して災害遺児で少ない、実数で四分の一前後と少ないということにあったとみてよい。それはなぜなのか。当時、二つの会の運動家たちが仮説的に想定していた理由はつぎの二つであった。(1)二つの会はそれぞれに全国の中学校、高等学校に呼びかけて在学している遺児たちのリストを提供してもらい、かれらに奨学金制度のPR資料や申し込みのための書類を送っていた。ところが、交通遺児たちのリストに比較して、災害遺児たちのリストは、提供されるばあいがきわめて少なかった。これは、学校が交通遺児の存在は認知していても、そのほかの遺児のばあい、そのなかで災害遺児を識別、認知するのが困難であるためか、と考えられた。(2)また、八五年の調査で災害遺児を生じさせる災害の約半数は労働災害と認定されていた(X章4・参照)。それらの災害による遺児家庭には労働災害補償保険が支払われるので、それによって比較的安定した生活水準が維持されており、奨学金のニーズがあらわれにくいのではないか、とも考えられた。

この事情にくわえて、運動の現場の感覚では、災害遺児は交通遺児に比較して、社会問題としての世論への訴求力が弱いということがあった。交通遺児育英会は、交通事故は高度成長とモータリゼーションの産物であり、そのかぎりで交通遺児と交通遺児家庭は変動する社害遺児と災害遺児家庭が社会の犠牲者であり、その救済は社会の当然の責務であると主張してきていた。しかし、災害は雑多な内容をもっており、労働災害や洪水、大火などは社会的災害であると言えたが、海水浴にいって溺死したとか、蜂に刺されてショック死したとかいうケースは社会的災害であると強弁することが困難であった。災害遺児家庭の実態調査をおこなったのち、すべての災害遺児と災害遺児家庭が社会の犠牲者であり、その救済は社会の責務であると主張するには無理があった。

災害遺児育英制度の出願者が予期したほどに伸びない。災害遺児問題が世論にたいしても一つ衝撃力がいまひとつ足りない。交通遺児育英会の運動が直面している閉塞状況は、災害遺児育英制度の創設のみでは突破できそうにない。そう考えて、玉井とかれのスタッフたちは、さらに病気遺児育英制度の可能性を追求することになった。さきにいったように、災害遺児の高校進学をすすめる会が独自財源で奨学金制度を実施するのは一九八八年四月であるが、その翌年の八九年夏には早くも大阪で病気遺児の高校進学を支援する会が組織され、九月二三日には最初の育英募金をおこなっている。すでに述べたすすめる会が最初の育英募金をおこなうまでの経過に比較すると、支援する会のその経過はあわただしく進められた印象がある。このおりの仕掛け人として玉井が起用したのは、交通遺児育英会事務局で関西地区を担当していた柳瀬和夫で、かれが災害遺児の奨学生たちと交通遺児の奨学生たちから活動家をえらんで組織して、大阪の支援する会をつくった。

柳瀬は同会の代表に災害遺児の大学奨学生鶴谷貴子を抜擢した。彼女の父親は大工であったが、彼女が三歳のとき、自宅のベランダから転落して死亡、母親が中学校の用務員をして三人の子を育てた。鶴谷は長女で高校卒業後は学資の当てがなく就職するつもりでいたが、友人になった交通遺児の大学奨学生から災害遺児育英制度が前年発足したと教えられ、それを利用して大谷女子短大に進学した。鶴谷は、その後、柳瀬の見込みどおりの運動の「顔」として活躍することになった。

　災害遺児の高校進学をすすめる会と病気遺児の高校進学を支援する会は、その後、それぞれに運動を展開して、九三年四月一日に合併して、あしなが育英会が誕生する。それまでの二つの会の歩みを概観しておこう。

　まず、財政であるが、すすめる会については一部ですでに述べたところと重複するが、八七年から九二年までの寄付金額は、表38のように推移している。すすめる会は八八年四月から奨学金を貸与しはじめるが、二億二〇〇〇万円余の原資をもっていた。その年から災害あしながさん制度がはじまり、その寄付と一般寄付をあわせると、八八年三億三〇〇〇万円余、八九年五億五八〇〇万円余が最高値で、以後は九〇年四億六二〇〇万円余、九一年四億二一〇〇万円余、九二年三億八七〇〇万円余と漸減してゆく。

　支援する会は、八九年から寄付を集めはじめ、九〇年は全国学生交通遺児育英募金が四一回目であしなが学生

を支援する会への

高校進学を支援する会	
一般寄付	合　　計
—	—
—	—
591,933	591,933
140,290,774	140,290,774
167,034,716	388,288,111
225,702,919	660,766,646

表 38　災害遺児の高校進学をすすめる会，病気遺児の高校進学寄付金額の推移(1987 年以前から 92 年まで)

	災害遺児の高校進学をすすめる会			病気遺児の
	あしながさん寄付	一般寄付	合　計	あしながさん寄付
1987 年まで	—	221,453,232	221,453,232	—
1988 年	160,528,744	170,494,829	331,023,573	—
89 年	320,500,627	237,622,029	558,122,656	—
90 年	325,191,266	137,335,849	462,527,115	—
91 年	290,074,376	131,504,751	421,579,127	221,253,395
92 年	254,792,905	132,777,711	387,570,616	435,063,727

募金と名称を改め総募金額を交通遺児育英会、すすめる会、支援する会に三分の一ずつ配分するようになったので、それを主力に一億四〇〇〇万円余の寄付をえる。翌九一年からは病気あしながさん制度がはじまり、その寄付と一般寄付をあわせると、九一年三億八八〇〇万円余、九二年六億六〇〇〇万円余と、こちらの寄付総額は急上昇してゆく。支援する会は、奨学金の貸与をはじめる九三年春には一二億円ちかい原資をもっていたことになる。

この財政準備にもとづき、支援する会は、九二年には奨学金制度を創設し、同年四月には翌年春から奨学金を貸与する中学三年生の予約採用生五六三人を決定した。このとき、予約採用に出願してきた者は七六五人おり、災害遺児育英制度の不振を埋めあわせて、災害遺児育英制度と病気遺児育英制度をあわせれば、交通遺児育英制度と同程度の事業規模の展開がみとおせることになった。

組織と人的構成の面では、九一年一〇月一日に、すすめる会が、それまでは交通遺児育英会の事務局の一角に居候していたが、千代田区平河町の独自の事務所に移転した。すすめる会はそのときまで小河光治が会長でワン・マン・オフィスであったが、それを機会にフォーマルな組織に編成されて、武田豊に会長に就任してもらい、交通遺児育英会から山北洋二が移ってきて事務局長になり、小河は、堀田まゆみ、寺山智雄、福井広之などとあらためてその事務局に入局し、係長になった。小河は、会長から係長への大降格人事の主人公であると自己紹介をしては、仲間を笑わせていた。支援する会も、このとき、前記の事務所に移転した。

XII　社会運動家は追放された

1　組織管理の失敗

久木義雄は、玉井の滋賀大学時代からの友人で、交通遺児育英会の設立準備の段階から参画し、一九六九年五月に会が発足すると事務局次長となり、七三年四月から理事・常勤役員となり、事務局長をつとめた。かれは、事務局運営において、玉井につぐ重要人物であったが、かれと若手の運動家たちのあいだに抗争がたえなかった。その抗争のなかで八〇年、桜井芳雄が事務局を去った。そのさいの玉井の対応に若手が不満をもち、かれに抗議した者もいた。これらはすでに述べたとおりである。

久木は、規則好きで管理好きのところがあった。かれの規則好きは、交通遺児育英会の「寄付行為」、「庶務規定」、「奨学金貸与規定」などを暗記していて、問題があるときはそれらの規則にたちもどり、それらにもとづいて判断するようにと、若手にくり返し説教するところによくあらわれていた。かれにとっては、つどいなどの行事も事前につくられたマニュアルどおりに実施されることがなによりも大事で、出先で若手がおこなう臨機応変の変更など認めないために、軋轢が生じることが少なくなかった。

山北、林田、吉川が連名で、久木の行状を告発し理事長の石井栄三に直訴した二つの文書がある。第一の文書は八二年一月のもので、結論として、久木の事務局長の解任と事務局からの追放を要求している。その中に記載されているふたつの事例を紹介する。

(1) 一九八一年四月から七月にかけて、本部職員も月に二回から四回、心塾の夜勤を命じられた。つまり、心塾勤務日は本部で一七時まで仕事をし、すぐに塾にゆき、翌日一三時まで勤務をし、自宅に帰るシステムである。これを聞かされた吉川は、「休みはもらえるのか?」と問うと、久木は「玉井専務は翌日の一七時までの勤務を考えていたのに、おれが一三時までにしてやったのだ。文句があるなら一七時までにするぞ。人事のことに課長補佐ごときが口を出すな。おれはタカ派だ」とわめいた。そのとき、宿直手当を検討しているとも言っていたが、結局、日曜日に心塾勤務をしても代休はないままで、宿直手当も支払われていない。

(2) 八一年の北海道のつどいで、富岡誠は貸切りバスの一台目と二台目の到着の時間差が予想以上に大きくなると判断して、開会式後に予定していたジャージーへの着換えをさきにするように指示した。こうした進行マニュアルの変更はそれまでにもたびたびおこなわれている。しかし、久木は「マニュアルの変更は、つどいの出張グループの長である私の専決事項だ。私の権限がおかされた」といって、富岡を長々と叱り、始末書を書かせた。

また、林田の談話から類似の一例をあげる。

(3) 心塾が開塾されて最初の冬に入ったころ、塾生たちには毛布を二枚配布してつかわせ、寝かせていたのだが、それでは寒いという申し立てが林田のところにきた。林田も同じ条件で寝ていて、寒いと感じはじめていた。暖房は午後一〇時まで入れているのだが、それを切ったあと室温が下がるのである。そこで久木に連絡をとって布団を購入、配布することを提案すると、久木はだめだと答えた。心塾の建物は、日本設計の有名な建築家が設計しており、暖房をたけば、毛布二枚で寝られるはずだ。そうおれは聞いている。しかし、暖房を切ったあと、寒くなるのですと押し返していうと、それじゃ朝までボイラーをたいて暖房を入れておけ、ボイラー室に宿直者二人のうちひとりが朝までいろ、これは業務命令だ、という。職員三人のうち、二人が宿直をしてあきらかに過労状態であるのに、この無理な要求はその冬中、強行された。

これらの事例について、久木の側にはかれなりの言い分があるかもしれない。しかしいずれにしろ、ここから、当時、若手の運動家たちが久木の言動をどうみていたかをうかがい知ることができるであろう。

争いが大小とりまぜて、毎日、延々とつづいた。その多くは、玉井の耳にも入ったはずなのだが、かれは、久木と若手のトラブルへの介入を面倒くさがっているらしく、調停のための動きをほとんどみせなかった。若い運動家たちは仕事熱心であればあるほど、久木の存在を仕事の邪魔だと感じた。かれらはもううんざりだと思いはじめ、玉井相手ではらちがあかないと考え、石井理事長のところに直訴状をもちこむことにしたのである。石井はこれに驚き玉井に相談する。玉井はこの事態につぎのように対応した。

玉井は、数日後、吉川を呼んで、お前たちの要求には無理からぬものがある、といった。しかし、久木は、職を失うかもしれないと怯えて、食事も喉を通らない状態で、精神的にもひどく追いつめられている。自分自身は久木の友人なので、この件は裁きにくい。そこで、藤村修にこの件の裁定をゆだねたい。藤村は一年半前までは交通遺児育英会事務局にいたから、事情はよくわかっているはずだし、いまは日本ブラジル青少年交流協会事務局にいるから、第三者として公平に物事をみることができるはずだ、というのである。玉井は、吉川に、藤村の裁定に若手はしたがうかとたずね、吉川は仲間にはかって、それにしたがうと返事をした。

吉川は、若手を代表して、赤坂の居酒屋に呼び出され、出向いた。そこには、藤村と玉井、久木がいて、藤村の裁定は、久木を、事務局長からは解任するが、理事・常勤役員としては事務局にのこすというものであった。この藤村の裁定は玉井の意向にもとづくものであったと私はみている。当時、吉川をはじめとする若手運動家たちもそうみていた。玉井はなぜ、このような手がこんだことをしたのか。おそらく、かれは、久木にたいして不利益となる処分を自らの手で直接におこなうことを避けたかったのだろう。それは玉井の人情深さのあらわれであるが、見方によれば、だれにでも好い顔をしたがる、非情に徹しきれない弱さのあらわれでもある。かれは社会運動家として人びとを心服させ献身的にはたらかせる才能をありあまるほどもっていたが、組織管理者として合理主義的な人事管理をおこなう資質を欠いていた。結果論としていえば、このとき、玉井は若手の部下たちの要求どおりに久木を全面的に組織から追放するべきであった。それをせず、事務局長を解任したが、理事・常勤役員として事務局にのこすという中途半端な処分をしたことは、将来に禍根をのこした。

一九八二年四月一日より、久木は特定の役職をもたない理事・常勤役員となった。かれはその状態に一二年間甘んじて、九四年四月一日に事務局長に復帰することになる。前日の三月末日、玉井義臣は専務理事・事務局長を辞任していた。以下、この間のいきさつを、二節半にわたって、かいつまんで述べる。

八二年四月から事務局長には玉井が就任し、かれはそれを九〇年三月までつとめた。九〇年四月からは山本孝史が事務局長になり、かれが衆議院議員選挙に立候補するために九三年六月に退職したあとは、もう一度、玉井が事務局長を、九四年三月までつとめた。結局、八二年四月から九四年三月までの一二年間で、一〇年ちかく玉井が事務局長の地位にいたのだが、かれは、組織運営の実務は苦手で、それにとりくむ意欲もとぼしく、事務局長としての実務の大半はなしくずし的に久木にまかされてゆくことになった。若手運動家たちには、それは、久木が一度は地位と権力を失いながら、権力の面では次第に巻き返してゆく過程にみえた。

2　第九期理事会

玉井は久木のあと一九八二年に事務局長になってからも、局長としての実務のかなりの部分を実質的に久木にまかせていたが、そのうちには所管官庁としての総務庁、文部省、関係官庁としての警察庁、運輸省などとの連絡、交渉がふくまれていた。この分業の体制は八〇年代をとおしてつづくが、その時期、交通遺児育英会と災害遺児の高校進学をすすめる会は災害遺児育英制度への国庫助成を要求して、文部省などと抗争していたのであった。ところが、久木は、災害遺児育英制度の設立そのものに反対で、総務庁は、比較的早くから、交通遺児育英会の事務局は一枚岩ではなく、玉井と久木の間柄には亀裂を生じさせることができるとみていた。

九〇年、山本孝史が四〇歳になったのをきっかけに、玉井は山本に事務局長の地位をゆずった。吉川明は事務局次長になった。これは、事務局員のほぼ全員に当然の人事としてうけとめられた。石井理事長は、辞令交付式で、これからは山本事務局長を中心に事務局を盛り上げていってほしい、玉井理事と久木理事は一歩後に退いて助言をつうじて若い人びとを盛り立ててくださいと挨拶した。玉井は、石井のこの挨拶は、久木にたいして高圧的な言動をつつしむように婉曲に注意している言明だろうと理解した。

この人事が公表されるまえ、久木は玉井との個人的関係において、かなりはげしく、くどく、抵抗した。しかし、玉井としては、事務局内部におけるかれの極端な不人気を識っていたので、かれを事務局長に再任して、八年前の騒ぎをもう一度くり返す気持にならなかった。久木の抵抗は空しく終った。

山本事務局長体制が発足してからも、久木と若手たちの対立はつづいた。九一年三月に山北、林田、吉川の連名で石井理事長に提出された久木の行状にかんする第二の告発状があるが、その内容は八二年の告発状のそれとほとんど違いがない。久木は山本に理事のほうが事務局長よりえらいのだといって無茶な要求をつづけるので、山本は少々ノイローゼ気味ではないかなどと、書かれている。そのころも、所管官庁との連絡、交渉は、なかば慣行で久木の仕事とされていた。

玉井は、八〇年代に入り会財政が富裕化の兆候を示しはじめたころから、側近の若い運動家たちに、役所が交通遺児育英会を天下り先としてねらっている、自分の目が黒いうちはこの会を官が乗取るのは防いでみせる、しかし、もし自分が死んだら、お前たちでは官の乗取りは防げないだろうと、くり返し語っていた。私は、それを側近たちから洩れ聞きながら、玉井が、同会への高級官僚OBの天下りの不可避性をあまりに絶対的に考えすぎているのではないか、国庫助成を削られてもよい、ばあいによっては打ち切られてもよいと覚悟をし、理事会、評議員会をしっかり固めてさえおけば、官からの天下りも乗取りも避けられない話ではないと、考えていた。

一九九〇年の終りちかいころ、久木は玉井に、総務庁交通安全対策室が元室長で交通遺児育英会の発足時に玉井の相談相手となり、さいごは総理府総務副長官をつとめた宮崎清文を、非常勤の常任理事としてむかえてほしいという希望を表明しているとつたえてきた。非常勤の理事は無給である。この申し出は天下りというほどのものではない。いずれ、常勤・有給になおせという要求が出てくるかもしれないが、今回はこの程度ですむのか、と玉井は考えたのではないか。かれは総務庁の希望をうけいれることにした。制度上の手続きとしては、理事は評議員会によって選出されるのであるが、その選出にさいして理事候補者の事務局案に宮崎の名前を入れておけば、すべてが済むことであった。評議員会が事務局案に反対した先例はなかった。

それでも、玉井には、宮崎の理事会入りにたいして、まったく警戒心がなかった訳ではない。念のために、自派に属する腕力がある理事をふやしておこう。そんな気持で、かれは、評議員のひとりであった穴吹俊士を理事会に入れた。穴吹は高松市の市会議員で、同市交通遺児を励ます会の会長を一九七〇年からつとめ、この会は全国各地の励ます会のなかでも最古参のグループに属していた。かれは、八一年以来、交通遺児育英会の評議員であり、名ばかりの評議員が多いなかで、評議員会によく出席し、積極的な発言も多かった。前章では、緒方教授が奨学生たちの恩返し運動を賞揚して、災害遺児にも育英制度を設けてやるべきだといったおりに、それを支持する発言をしたことを紹介している。しかし、理由をくわしく述べることは控えるが、そのしばらくまえから、穴吹は玉井につよく反発する気持をもっており、それによって、かれは理事会に入ると、たちまち宮崎と手を結んでしまった。

一般的にいって、理事会は財団法人の最高決議機関である。それは交通遺児育英会のばあいにもいえることであった。その第九期理事会は、任期が一九九一年四月一日から九四年三月末日までの理事二五名によって構成された。しかし、しばらくまえから、会の発足時からの財界人の理事たちのほとんどは理事会への委任状によって出席者とみなされ、理事会が成立するのに必要な定足数が確保されており、実際の出席者は一〇名前後であって、かれらのあいだで事務局提出の議案が可決されて、議事が進行するのがつねであった。ところが、九三年度のとくに後半期に、この理事会運営に異変が生じた。当時の理事会への実際の出席者は、つぎの九名にほぼ固定されていた。

玉井義臣　専務理事、常勤役員、議長。
穴吹俊士　理事、高松市交通遺児を励ます会会長。
岡嶋信治　常任理事、全国交通遺児を励ます会会長。
小長井清一　理事、静岡市交通遺児を励ます会副会長。
坂本みゆき　理事、全国交通遺児を励ます会副会長。
佐藤光夫　常任理事、元運輸事務次官。
久木義雄　理事、常勤役員。
三角哲生　常任理事、元文部事務次官。
宮崎清文　常任理事、元総理府総務副長官。

理事会の運営の異変とは、それまでは半年に一回開催されていた理事会が理事たちの要求によって毎月のように開催され、玉井と岡嶋をのぞく七名が多数派を形成して、専務理事としての玉井がおこなった交通遺児育英会の運営、とくに災害遺児育英制度、病気遺児育英制度の設立をめざした業務や運動を、同会の寄付行為に違反する行為であると批判、非難をくり返すというかたちをとった。多数派の中心には宮崎と穴吹がいた。かれらは、たとえば、交通遺児育英会の資金によって全国交通遺児育英学生募金がおこなわれているのに、八七年から募金の半分が災害遺児の高校進学をすすめる会に贈られている、また、八九年からは募金の三分の一ずつが災害遺児の高校進学をすすめる会と病気遺児の高校進学を支援する会に贈られている。これは交通遺児育英会の寄付行為に違反して、同会に損害をおよぼす行為であり、それを容認・推奨した玉井には背任の容疑が濃厚である、というのである。また、心塾には、一九九〇年以来、災害遺児の大学奨学生を入塾させてきているが、これも寄付行為違反であり、会の財産の違法の使用であり、その責任者の玉井は背任の容疑がある、というのである。こうなっては、恩返しもなにもあったものではなかった。

玉井はこれらの非難につぎのように反論していた。全国交通遺児育英募金は同募金事務局がおこなっている活動であり、集まった金をどこにどれほど寄付するのかもその事務局が決定するのである。この事務局は交通遺児育英会とは別の独立した組織であるから、それがどのような決定をしようと、玉井の背任行為になるはずがない。この件ではのちに過去の理事会が募金事務局の決定を承認していた録音テープの記録も提出されている。また、心塾に災害遺児を入塾させたことについては、玉井は、竹下首相が災害遺児育英制度を交通遺児育英会にやってもらう予定であると言明したことに発する自然の流れのなかで、その先取り措置のひとつとしておこなわれたものであると説明していた。

3　失脚のドラマ

一九九三年度の後半、理事会で、宮崎・穴吹にひきいられた多数派は、災害遺児育英制度に関連して、玉井を背任容疑で追及、非難していた。かれらは、交通遺児育英会が災害遺児育英制度を実施することにも絶対的に反対であった。それは総務庁交通安全対策室の意向であり、その背後には橋本龍太郎のつよい指示があったことが、その後あきらかになったが、それはのちにふれる。私は、この理事会の状況をもれ聞いて、玉井が専務理事を解任されるのは時間の問題になったと考えた。その事態を回避するには、理事会でかれを支持する多数派をもう一度形成するほかはないのだが、それは困難らしかった。泥沼化した理事会運営を嫌って、玉井シンパの財界人の理事たちは、理事会によりつこうとしないらしかった。

ただし、玉井がやがて専務理事を解任されるであろうという私の予測は、それを少数の玉井の側近の運動家たちにもらしてみると、まったくとりあってもらえなかった。交通遺児育英会は玉井がつくった団体だ。玉井なしにこの団体が動くはずはない。多数派もそこまでやりませんよ、というのである。しかし、最高決議機関としての理事会で、実質上の最高権力者である専務理事にたいして反対する多数派を形成するということは、その最終目標は専務理事の解任以外にありえないのだが。大学で役職をめぐる人事ではそれは常識だよという私に、運動家たちはいうのであった。大学と運動はちがうのじゃないですか。

玉井自身も、かれが専務理事を解任されることなど、まったく考えなかったとおもわれる。それは、一九九三年度後半にかれがとった一連の行為をみれば、あきらかである。その年度の初め、災害遺児の高校進学をすすめる会と病気遺児の高校進学を支援する会が合併して、あしなが育英会が発足したことは、すでに述べた。玉井は、このあしなが育英会と交通遺児育英会を合併させたいと考えた。財団法人の組織運営の一般的ルールによれば、この合併のための最初の必要条件は、交通遺児育英会の理事会がその合併を承認することである。しかし、当の理事会はさきにみたような状況にあり、その合併が承認されるはずがなかった。

そこで、玉井は、世論に訴えてその力によって、当の理事会を動かすという手法が望ましいと考えた。一〇月二〇日、あしなが学生募金事務局が武田豊交通遺児育英会会長に両育英会の合併を陳情し、その合併を支持するとの回答をえた。翌二一日、同事務局は細川護熙首相に両育英会の合併を陳情して、同様の回答をえた。一一月一五日には、交通遺児育英会とあしなが育英会の合併を推進する全国大会が東京で開催された。これらはいずれもマス・メディアで大きく報道された。財界も政府も世論も両育英会の合併を支持しているという訳である。

これは、社会運動家としての玉井には正当で有効であるはずの手法であった。かれは自らが主導した運動に世論の支持をあつめて、多くの成果をあげてきたのである。しかし、交通遺児育英会の理事会は社会運動の場ではなかった。それは成員の多数決原理のみが作用する組織であった。玉井には酷な言いかたになるが、宮崎やその取り巻きにとっては、世論の動員など痛くも痒くもない、ただの雑音であっただろう。こういう状況のなかでは、世論に訴えて理事会の形勢を逆転するということは、まさに樹に登って魚をさがすような見当ちがいの行為であった。

両育英会の合併の企てについて、二点を言っておきたい。

第一。一九九三年のこの企ては、一九八七年、八八年と二度にわたって玉井が拒否した、交通遺児育英会が独自の財源によって災害遺児育英制度を実施するという案のヴァリエーションとみなされる。唯一の違いは、かつては災害遺児育英制度のみをとりこむことになっていたが、今回はそれにあわせて病気遺児育英制度をもとりこむことになっているところである。玉井は八七年、八八年には拒否したものを、九三年には自ら望んで実行しようとしている。そのこと自体が過去の二度の拒否が誤りであったことの証明である。別の言いかたをすれば、八七年の文部省案か、八八年の自民党案を受け入れていれば、九三年になってこの企てをあえてし、しかも挫折することはなかった。

第二。仮りに、一九九三年のこの企てが成功して両育英会が合併したあと、新団体の理事会で、玉井が専務理事に選任されないとか、一度は選任されてもその後、解任されたという事態を想定してみよう。交通遺児育英会の理事会の状況をみるかぎり、それはかなり高い確率でおこりうる事態であった。そのさいには、玉井は、交通遺児育英会のヘゲモニーとあしなが育英会のヘゲモニーの双方を失うことになる。そうなると、かれは、社会運動家として再起するのが難しかったのではないか。こう考えるので、九三年に両育英会の合併を企てる以上、玉井は、専務理事を解任される可能性があるなどとまったく思っていなかっただろうと推測するのである。

交通遺児育英会の石井栄三理事長は、一九九三年以来、警察病院に入院していたが、九四年一月一七日、死去した。理事長の後任をどうするかという声が理事会で出たが、玉井は当分理事長席を空席にしておくつもりであった。もちろん、寄付行為によれば、理事長は理事会で互選によって決定されるのだが、同会ではそれまでそのような規則どおりのやりかたをしたことはなかった。石井は同会発足以来の理事長であったが、最初は関係有力者たちが談合してそれを決定し、理事会はそれを形式的に承認し、以後は各期の理事会はその形式的承認をくり返してきていた。玉井のところに入ってくる情報によれば、宮崎は、石井の死去まえに見舞いにゆき、武田豊会長にもあって、多忙ゆえの名ばかりの会長であるのだから、次期は引退されたいと申し渡してもいた。それでも玉井は、宮崎一派が寄付行為どおりに理事長選挙を強行してくるとは考えておらず、それに対抗する方法をまったく準備していなかった。

しかし、理事会において多数派から理不尽な背任容疑の追及を半年以上うけつづけ、かれらの自らにたいする根深い敵意をたびたび実感したであろうに、多数派が宮崎を次期理事長に選出してくることを、いっさい予想しなかったとは。この天才社会運動家は、ときおり組織人としてはきわめて無防備なところをみせるのだが、これはその典型例のひとつである。それを予想し、理事長互選についてはその候補者として玉井自身でもよいし、ほかの望ましい人物を推挙することにしてもよいが、それを議題として予告し、その議題への賛成の委任状を集めておけば、別の結果を出すこともできたのである。かれは何もしなかった。宮崎一派は、まったくやすやすと玉井から権力をとりあげたのであった。

一九九四年三月三一日、第九期理事会は最後の理事会を開催し、互選で、次期理事長に宮崎清文を選出した。玉井はこれに抗議して、その場で専務理事・常勤役員と事務局長の辞任を申し出て、承認された。かれは、のちに私に、宮崎理事長のもとでさらに一期か二期、専務理事をつとめても、結局は真綿で首を締められるようにして辞任に追いこまれるのだから、先手を取って辞任したと語った。また、社会運動家として長年つちかってきた勘から、ここで辞任したほうが宮崎たちに打撃をあたえられると思って、辞任したともいった。

第一の言い分はそれなりに理解することができるものである。組織力学的にみて、いずれ辞任に追いこまれる、正確にいえば解任されるという予測は正しかったと私は思う。しかし、本当にかれはそう予測したのだろうか。それを予測することができるのであれば、なぜ、多数派が宮崎を理事長に互選してくることを予測することができなかったのか。玉井の側近のひとりは、専務理事の辞任にかんするさきの玉井の言い分は、後から考えた理屈で、実際は、かれは宮崎の下風におかれるのを感情的にがまんすることができなかったのだと思うといっている。この真相はわからない。しかし、その側近は、専務理事としてとどまったならば、専務理事権限によって、理事長とかなりのところまで対抗することができたというのである。

第二の言い分はひどく理解しづらい。先手をとっての辞任はいさぎよさの美学によってのみ評価されるものである。その辞任は、宮崎一派にとっては、いずれおこなう解任の手間が省けただけのことである。かれらがそれによって打撃をうけるはずがない。玉井は、先手をとっての辞任が世論の同情を集めて、宮崎たちは非難され窮境に立つと考えたのではないか。かれの期待は二重に誤っていた。辞任の翌日、新聞報道はその事実をつたえたが、かれへの同情的論調のうちにではなく、交通遺児育英会のお家騒動、宮崎も玉井もどっちもどっちだという論調のうちにであった。玉井がマス・メディアでこのような扱いをうけたのは、はじめてのことであった。また、仮りに玉井が世論によって同情されても、宮崎たちが窮境に立つはずはなかった。かれらは理事会で多数派を形成しているかぎり、世論がどうであろうと、安泰なのであった。玉井が社会運動家の勘といったものは、社会運動家の思いこみとか、錯覚といったほうが正確であった。

4　官の乗取りか？

宮崎の理事長就任と玉井の専務理事辞任という事態をさして、玉井は、一貫して、官の乗取り、交通遺児育英会という民間団体への元高級官僚の天下りとして批判してきている。たしかに、一九九三年の時点で一四五億円を超える巨額の資金をもつ一民間団体において、元キャリア官僚が理事長になって最高権力をにぎり、創業の功労者である民間人の専務理事を追放したのであるから、これを、官の乗取りといい、元高級官僚の天下りと呼ぶのは、そのかぎりでは当然のことである。しかし、単純に乗取り、天下りという一面のみを強調していると、この事態がもつほかのいくつかの面がみえなくなったり、かくれてしまうと思われる。この事態をなるべく多面的に、全体的にみておきたい。

この事態をひきおこした権力機構の構成と思惑をつたえる文書が、後年、当事者たちの大多数にとって思いがけない経路で世に出ることになった。一九九四年秋、ある週刊誌が玉井・藤村・山本を中傷する記事を掲載した。玉井にかんする部分は、さきに第九期理事会でかれに向けられた批判の一部の焼きなおしであった。これにたいして、玉井はその週刊誌の刊行元の新聞社を、藤村と山本はその新聞社と穴吹を名誉棄損の件などで提訴した。二つの訴訟は並合事件として審理されたが、二〇〇〇年二月、玉井たちの名誉が保障されるかたちで和解が成立している。この裁判がおこなわれた法廷で、一九九八年五月一一日、穴吹が被告として出廷し、身の証しをたてるために総務庁の内部文書のコピーを証拠資料・丙第七一号証として提出した。この文書は、総務庁がノン・キャリアの事務官のひとりを定年後に交通遺児育英会に再就職させ、久木をつうじて会計課に配属させたとき、同会の財政事情、組織事情の問題点を調査・報告させるために、持参させたといわれたもので、問題点の所在のラフ・スケッチをふくんでいた。穴吹はこれによって、一九九一年当時から総務庁が同会のありかたや玉井の行為に批判的であった、したがって、さきの週刊誌の報道の少なくとも一部は事実であり、名誉毀損にあたらないと主張したかったらしい。ところが、この文書の後半には、それが作成された当時の橋本大蔵大臣が交通遺児育英会の専務理事人事に不当に介入したことを示す文章があって、穴吹の思惑とはまったくちがう方向でそれが問題視されることになった。

この文書は、「育英会理事改選の経緯」と題され、B5版横書き罫紙四枚のものである。その内容は大別して二つあった。すなわち、ひとつは、久木が総務庁にはたらきかけて理事の改選について画策していることがうかがわれるものである。冒頭、一九九〇年一二月に、久木から翌年三月の理事の改選について打診があったとある。つづいて、交通遺児育英会の運営上の問題点として、財政支出についてチェック・システムがない、いずれ金銭スキャンダルが生じるかもしれない、定められた業務以外の業務をやっている、などと書かれている。これらの指摘は監査法人によると記されているが、藤田翠の報告によると、のち、当の監査法人はそれらの指摘をしたことがないと明言した(藤田翠「総務庁に乗っ取られた交通遺児育英会の再生の道を探る」『週刊金曜日』一九九八年七月二四日号)。正確には、監査法人が言っていると玉井をおとしいれたい人物が報告したということだろう。文書では、これらの問題にたいして、理事長更迭、常任理事会の定期的開催などが必要である、そのために総務庁からも理事を送りこみ、文部省、運輸省、厚生省から送られている次官経験者の理事は若返りをはかり、あわせて、文部省、運輸省から、育英会事務局に課長クラスを入れたいなどとある。

いまひとつは、久木の画策にたいする政府側の対応の指揮系統が、橋本大蔵大臣に発するものであることを示すものであった。まず、九一年二月の日付で、運輸省からの見解として、「災害遺児の経緯にかんがみ、常任理事の交替には、的場次官(元内政審議室長)、橋本大蔵大臣の了解が必要とのことであった」と記されている。ついで、交通安全対策室長・永島参事官が内政室長・公文参事官を訪問し、事情を説明し、内政室長が的場次官から了解をとりつけた、とある。そこまでは手書きのかっちりした楷書で書かれているが、そのあと、やや崩した字体で、つぎの文書がつづいていた。「平成三年五月六日、公文室長より交対室長に電話があった。公文室長が橋本大臣に呼ばれ、手紙(怪文書)を見ながら、『これでは手ぬるい。

玉井を更えるべきである』との話が出たとのこと」。さらに、この橋本の意向をうけて、交通安全対策室長、内政審議室長、文部省高等教育局長のあいだでおこなわれた三者間のやりとりが生々しく走り書きされていた。この文書の全文の写真は『週刊金曜日』前掲号に掲載されている。

交通遺児育英会は民間団体である。その「タテマエ」からゆけば、同会の理事選挙はその自治活動の範囲でおこなわれるべきである。所管の省庁に許されるのは、その理事会運営にかんする指導・助言まででであろう。それにたいして、この文書では所管官庁が常任理事を送りこむことが当然のようにみなされ、橋本大蔵大臣が玉井の専務理事解任を指示したと明記されていた。大蔵省は育英会にとって所管官庁でもない。「災害遺児の経緯にかんがみ……」とは、災害遺児育英制度の設立をめぐる抗争で、当時の自民党幹事長代理の橋本と内政審議室長の的場が育英会などの反対運動によって日本船舶振興会にその制度を実施させたいという政治的意向を阻止されたことがあるから、かれらの了解が必要である、つまり、端的にいえば、かれらに報復の機会をあたえるべきであると言っているということであった。「これでは手ぬるい。玉井を更えるべきである」。権力者が、自らに反抗した社会運動家に向ける敵意がつたわってくる言葉である。

交通遺児育英会の理事会を舞台にした玉井の追放劇を推進する勢力は、大まかにいって三重の構造をもっていた。その最高層には橋本龍太郎をはじめとする現役の政府高官たちがいた。中間層には宮崎清文をはじめとする各省庁の次官経験者である理事たちがいた。そうして、第三層には、穴吹や久木などがいた。このうち、中間層の行為はたしかに天下り、乗取りと呼ばれるのがふさわしい。しかし、最高層の権力者たちにとっては、追放劇は第一義的に報復劇であり、官の意向に反抗した者へのおしおきであり、天下り、乗取りはその附随的な結果でしかなかった。また、第三層の実務家たちは、天下りなどの動きに便乗してあわただしく動きまわった訳だが、丙第七一号証という文書後半の記述が時の総理大臣を政治的窮地に立たせることになるとは、思ってもいなかった。追放劇を推進する勢力の三層はかならずしも緊密に連携していなかったが、結果としてゆるやかにつながっていたというべきか。

丙七一号文書の出現は政治的事件となった。これについては論議の本筋からはずれた話になるので、かいつまんで述べる。朝日新聞政治部の記者・吉村成夫は、手をつくして探索し、その文書の執筆者が、執筆当時は総務庁交通安全対策室参事官補であった長沢孝治であったことを確認した。吉村は長沢に五月一二日午後、総務庁でインタビューして、かれにその文書を作成したことを認めさせた。ただし、長沢は前出のやや崩した字体で書かれた部分は自分が書いたものではないと主張した。五月一三日、衆議院決算行政監視委員会で民主党議員・石井紘基が、この文書をとりあげ、橋本たち政府高官による民間団体の人事への過度の介入を非難し、宮崎たちによる天下り、乗取り、それにともなう同会の理事会、事務局の運営の混乱を批判した。総務庁交通安全対策室長などの政府委員は防戦一方の答弁に追われた。吉村が長沢にインタビューした記事は、五月一三日「朝日新聞」夕刊に掲載された。

話をもとにもどすと、玉井が官の乗取り、天下りということをいいすぎるのは、かれの追放劇における権力者たちの敵意、悪意のはたらきを見えにくくしていると、私は思うのである。もう一歩踏みこんでいうと、乗取り、天下りという言葉には、利権をめぐる争いという印象が拭いがたくついてまわる。かれが自らの追放劇を官の乗取り、天下りとあまりにいいはると、真相はここに述べるとおりであるにもかかわらず、宮崎、穴吹、久木などと玉井が、育英会の膨大な資金をめぐって同じレベルで取った、取られたと争っているように感じる人びとが少なからず出てくる。かれが専務理事を辞任した翌日の新聞報道が、かれにかならずしも同情的でなく、育英会のお家騒動、宮崎も玉井もどっちもどっちだという論調であったことは、さきに指摘したとおりである。これは、各紙の整理部のデスクが、乗取り云々というかれの主張になにほどか違和感を覚えた、全面的には共感しなかった結果であろうと、私はみている。

5　交通遺児育英会の現在

一部はくり返しいうが、一九九四年三月末日、玉井義臣は、交通遺児育英会の専務理事・常勤役員および兼任の事務局長を辞任した。翌四月一日からは、宮崎清文が理事長・非常勤役員、久木義雄が理事・常勤役員で兼任の事務局長に就任した。その後、久木は四月二六日に前記の役職に専務理事事務取扱いをくわえる。そのころ、玉井が久木に交通遺児育英会の新体制にかんして批判めいたことをいったとき、久木は玉井に、交通遺児育英会への復活は考えず、あしなが育英会に専念するべきだとすすめた。そのおりの久木の科白は、「江戸城にもどるのは無理だ。小さいが彦根城を大事にしろよ」であった。彦根城は、かれらが卒業した滋賀大学のちかくにある城である。久木はだれが江戸城の主になったと考えたのだろうか。

しかし、宮崎―久木体制は二年あまりつづいたのみであった。一九九六年五月、同年第一回の理事会は穴吹俊士を専務理事に互選し、久木は専務理事事務取扱いを解かれた。このあとは宮崎―穴吹体制ということになるが、一九九九年まででいうと、この体制で三年あまりが経過する。宮崎―久木体制と宮崎―穴吹体制のもとでの六年のあいだに、交通遺児育英会という組織になにがおこったか。一言で要約すれば、荒廃というほかない諸現象が生じた。以下、かいつまんで述べる。

まず、具体的データとして、前記の六年間、一九九四年から九九年までのあいだの、全奨学生数の動きをみておこう。玉井が在任した最後の一年、九三年を起点とすると、その年の全奨学生数は四一二九人、以後六年間、毎年、対前年で減少がつづき、九九年には二四六七人に落ちこんでいる。この人数は起点の人数に対して、五九・七％になる。高校奨学生の新規採用数は、九三年で九九四人、これも以後六年間、毎年、対前年で減少がつづき、九九年には四二五人に落ちこんでいる。この人数は起点の人数にたいして四二・八％になる(表39)。おおまかにいって、交通遺児育英会の奨学金への社会的ニーズは、この六年間で半減した。表は省略するが、心塾の塾生数も九三年では一〇〇人から一二〇人くらいあったものが、九九年には四〇人台にまで減少している。この奨学生数の減少自体は、すでにくわしく論じたように時代の歴史的産物であり、それ自体を荒廃の進行とみるべきではあるまい。しかし、それに適切に対応することなく、その減少が会の活動の活性を低下させるのを放置するならば、それは荒廃の前提条件となる。

交通遺児育英会の基本的活動としての奨学金貸与、つどいの開催、心塾教育のそれぞれで、この期間に生じた問題を各一例ずつ挙げてみる。

第一、奨学金送金の遅れ。「朝日新聞」一九九五年七月二八日夕刊は「交通遺児育英会／理事会内紛で遅れる奨学金」という見出しで、五段の記事を社会面にのせた。奨学金の送金が約一〇〇〇人の学生にたいして、当初約束した期日から半月以上とどこおっている。かれらは入学後に出願した大学生と大学院生で、五月末に理事長名の奨学生採用内定通知を受けとり、そこには四・五・六月分の奨学金と入学時の学費のための一時金を七月一〇日に送金すると記されていた。ところが同会は七月三一日に理事会と選考委員会を開催することにしたので、送金はその後ということになってしまった。学生たちに送金される金額は一二万円から五八万円で、その送金が遅れているため、かれらのなかには金策に奔走している者も

表39　交通遺児育英会の奨学生数の推移

	高校奨学生新規採用数	高校奨学生数	全奨学生数
1992	952	2,946	4,257
93	994	2,847	4,129
94	792	2,534	3,755
95	717	2,317	3,473
96	592	2,160	3,356
97	533	1,742	2,899
98	508	1,520	2,689
99	425	1,376	2,467

いる。監督官庁の総務庁では、学生からの通報で事態を知り、「遺憾なことだ、必要な指導をする」といっている。

交通遺児育英会の寄附行為によれば、決算理事会は五月中にひらかねばならない。法令でも六月中にその開催がもとめられている。そのいずれにも違反して、理事会開催が二ケ月ちかく遅れていることについて、同会は「会や理事を誹謗・中傷する文書がとびかい、対応に時間がかかっているためである」と説明している。宮崎清文理事長はつぎの談話を出している。「遅れたことは事実だが、故意ではなく、内部的に仕方なかった。送金日は法律上決まっている訳でもない（後略）」。なんという言訳だろう。

交通遺児育英会のそれまで二六年の歴史のなかで、送金日の約束が破られたのは初めてのことであった。最低限の収入でくらす一部の学生にとって、それはショッキングな出来事である。山本孝史は、当時、新進党所属の衆議院議員であったが、九五年二月二二日の同院の交通安全対策特別委員会で、交通遺児育英会には「さまざまな問題がある」、「監督官庁には十分に注視をしていただ」きたいとつよく要望していた。この元事務局長は古巣にただならぬ異変が生じることを予感していたのだろう。そうして送金の遅れという不祥事件がおこる。同年一一月二日の交通安全対策特別委員会で交通安全対策室長・井野忠彦にたいする質問に立った、山本の告発は悲痛なトーンをおびている。二月に交通遺児たちに迷惑がおよばないように、あれほどお願いをしておいたではないか。監督官庁としてわかったという顔をしていたけれども、約束は空証文におわってしまった。宮崎の責任をどう考えるのか。宮崎もかつての交通安全対策室長である。その先輩が理事長である交通遺児育英会を、井野が室長である交通安全対策室はきちんと指導することができるのか。

第二、つどいの実質の全面的途絶。交通遺児育英会の教育団体、教育運動体としての荒廃ぶりをもっとも端的に示しているのは、各種のつどいの全面的途絶である。前項の送金の遅れは一回だけのことであるが(もちろん、それでも、それは絶対に許されることではないが)、こちらは六年間の全期間にわたる。玉井が九四年三月に同会の専務理事を辞任したあと、宮崎執行部は九四年度から九九年度までの六年間、かつてのようなつどいをいっさいおこなわなかった。最初の三年ほどは、玉井路線のアンチテーゼを積極的に打ち出すために、つどいなどの教育活動をやるべきでない、交通遺児育英会は奨学金貸付業務に徹するべきだと考えて、行動したのではないか。しかし、衆議院交通安全対策特別委員会などで新進党議員の藤村修などが同会のつどいの中断をくり返し批判し、文部省が同会はつどいを再開するべきだと指導するにおよんで、つどいの計画のみ提出して実行しなかったり、つどいにかわる小規模の行事をおこなったりと、その場しのぎの対応をつづけている。つどいにかんする、九四年度以降の毎年の交通遺児育英会の公式言明と実際行動はつぎのとおりである。

九四年度＝つどいの計画を変更し、夏休みの開催を中止した。かわって、冬休みなどの開催を計画はしたが、諸般の理由で実施にいたらなかった。

九五年度＝次年度からのつどい再開を前提として検討したが、成案をえるにいたらなかった。

九六年度＝本年度つどい開催を検討したが、成案をえるにいたらなかった。

九七年度＝つどいは開催しなかったが、奨学生および保護者との相談活動を実施した。

九八年度＝つどいは開催しなかった。文部省からつどいを再開するように指導された。

九九年度＝宮崎理事長名で、関東地方と北海道地方の二会場でつどいを開催するという計画を文部省に提出した。しかし、結果としてはそれらの実施を断念した。三月にきわめて小規模の集会をおこなった。


要するに、九四年度以降の交通遺児育英会は、かつてのような本格的なつどいをおこなう意欲をもたず、能力ももっていないのである。宮崎執行部はつどいなどの教育活動の意義をまったく理解していない。かつてのつどいを支えた運動家スタッフは、吉川ほか一名をのぞいて、すべてあしなが育英会に移っている。執行部にできることは、無為のまま、検討中とか計画はできたとか、言訳、ごまかしをくり返すことだけである。Ⅸ章あたりで描写したかつてのつどいの活況を思いおこしてもらいたい。玉井辞任後の交通遺児育英会がどのように荒廃してしまったかが、だれの目にもあきらかであろう。

第三、心塾での思想調査。穴吹は一九九六年七月一日に専務理事に就任したのち、同年一〇月から心塾の塾長を兼任した。塾生の活動家たちのみるところでは、かれは、玉井が心塾教育でめざした路線を破壊することのみに力をつくした。とくにかれが敵視したのが恩返し教育、恩返し運動である。それらは恩返しを強制するからよくないと、かれは主張し、活動家の塾生たちと対立した。九七年六月一九日、穴吹塾長のもとにある心塾で、玉井批判に統計的裏付けをえることを目的にすると思われる調査がおこなわれた。塾生たちに配布された質問紙には、つぎの質問と回答の選択肢がふくまれたいた。

「先輩は君達後輩の指導に当たり特定の思想を植えつけていると思うか。(1)思う、(2)思わない、(3)その他」。

塾生たちは、これに、思想の自由をおかす調査であるとはげしく反発した。職員は質問紙の回収を断念するところに追いこまれた。この思想調査にたいしては、七月一日の理事会で玉井がきびしく批判している。また、一〇月六日、衆議院決算行政監視委員会で、石井紘基議員が公益法人が経営する学生寮において、このような調査がおこなわれたことを政府はどう考えるかと質問した。総務庁と文部省の担当官たちはまたやってくれたかという想いであったのではないか。政府側の答弁は、調査の是非にはふれず、質問紙の回収が中止されたと聞いていると述べるにとどまった。

一九九〇年代後半、衆議院の論戦において、交通遺児育英会問題はひとつの政治問題であった。同院議事録によれば、交通安全対策特別委員会、文教委員会、決算行政監視委員会、予算委員会において、私が知るかぎりで一八回、同会をめぐって野党議員と政府側委員とのあいだで烈しい応酬がくり返されている。そのすべてをくわしく紹介・考察するならば、それだけで一冊の書物ができそうであるが、ここでは、さらに、これまでの記述と関連が深い二点の指摘にとどめる。

第一、宮崎理事長の天下りの政治的背景について。石井紘基は前節で紹介したように丙第七一号文書の存在をとりあげて問題提起をした元気のよい議員であったが、一九九八年三月二五日、衆議院決算行政監視委員会の席上、この天下りの政治的意味について率直・明快につぎのように語っている。交通遺児育英会の巨額な資産の管理権が官僚にとって「おいしい」ものであったのだ。交通遺児は交通事故からうまれるので、総務庁、警察庁の所管する事項である。これにたいして、災害遺児は災害がらみでは国土庁が(それにおそらくは労働省が――副田補記)、病気遺児は厚生省が所管する事項である。交通遺児二万五〇〇〇人、災害遺児七万五〇〇〇人、病気遺児三二万人。交通遺児育英会が交通遺児育英制度のみならず、災害遺児と病気遺児の育英制度に手をひろげるならば、同会の監督官庁に厚生省、国土庁がくわわってくる。遺児の数からして、両省庁は総務庁、警察庁より有力になるだろう。この事態を防止するためには、宮崎の天下りと玉井の追放が必要であった、と。

この天下り問題にたいする石井紘基、藤村修たちの追及にたいして、総務庁交通安全対策室長など政府委員の答弁の基本部分は二つである。ひとつは、官の天下りとか乗取りとは、俗にいわれることだが、正確にはなにを意味しているのでしょうかととぼける。交通遺児育英会は民間団体であり、その理事会が適材として宮崎を理事長に互選した。われわれは同会の自治に干渉するつもりはない。いまひとつは、宮崎の理事長就任の積極的支持である。交通遺児育英会にはかねてから路線をめぐって対立があった。それが深刻化したので、宮崎氏は御高齢にもかかわらず、同会の運営の「正常化」のために、理事長をお引きうけになった。これは、もはや、ブラック・ユーモアというべきか。

第二、会財政の浪費について。これにかんしては、藤村の発言がもっとも多く、かれの調査がもっともゆきとどいているようである。数字は発言のたびに若干動くが、ここでは九七年六月一七日の文教委員会におけるかれの質問によって記述する。かつて理事長職は無給であったが、宮崎理事長になってから日当が支払われるようになった。二時間程度の出勤に日当三万円、一九九六年度は日当三百数十万円、ハイヤー代四〇〇万円がかれに支払われている。この日当は九七年度には五万円に引き上げられようとしている。総務庁OBが六〇歳で再就職してきて、年収九〇〇万円をえている。別の大企業からの再就職者は六五歳を超えて嘱託になったが、年収八〇〇万円。労働省に聞いてみると、民間のばあい、六五歳の男子常用労働者は平均月収二五万円、平均年収四〇〇万円ということであるから、交通遺児育英会への天下り組は法外に高額の給与をえているといわざるをえない。

また、一九九六年度の同会の決算報告書では、弁護士費用が二九〇〇万円あまり支出されている。これは労働組合対策のためのものである。いっそう具体的にいえば、宮崎の理事長就任以降、職員組合ができ、理事者側が不当労働行為で訴えられた。不当労働行為のなかみは不誠実団交、残業代不払い、組合員にたいするいじめ、その他である。この訴訟は理事者側が事実上いじめなどを認め、組合員に解決金五〇〇万円が支払われた。交通遺児育英会を監査した有力監査法人は監査報告書のなかで、この弁護士費用についてつぎのような異例の指摘をしている。「寄付者がこの事実を知れば、どのような思いをいたすでしょうか。また厳しい社会からの糾弾を受けるばかりでなく、当会の存続基盤さえ脅かすことになりかねません」。

一九九九年五月二七日の衆議院決算行政監視委員会で藤村は、交通遺児育英会の理事会の運営をきびしく批判したうえで、九八年四月に八〇歳の老人から同会の宮崎理事長に送られてきた抗議文のコピーを紹介した。老人は年金生活者で、同会あてに毎月一万円の送金をつづけてきていた。かれは、同会からの受領証の理事長印に矢印をかき、あなたの車代、ハイヤー代が「私の僅かな年金から出し《ママ》てました、口惜しいです、知らなかった」。さらに、つぎの一年間の振りこみ用紙が送られてきたのを突き返してきて、「私には燃やすことができません、心が許せず。理事長の手で捨てるなり、燃やすなりして下さい」とも記されていた。

XIII　もうひとつの物語

1　あしなが育英会小史

玉井義臣は、権力者と官僚組織によって交通遺児育英会から追放されたが、あしなが育英会に拠り社会運動家として復活した。その復活後の活動は、前章までで終った物語とは異なるもうひとつの物語である。それは途中までしか進行していないので、完結したものとして叙述することはできない。また、途中までにしろこれまでのような密度で語ってゆくとすれば、それはまた別の一冊の書物になるだろう。ここでは、それを小さな物語に要約して書きそえることにしたい。四半世紀におよぶ交通遺児育英会の巨大な運動史が、暗鬱な権力闘争と追放劇で終ったあとの、明るく華やかな復活劇をささやかに書きたして、古典劇の手法を踏襲しておきたいのだ。玉井義臣とあしなが育英会の歴史を本格的に叙述する機会は、多分、かれの引退のあとにくるだろう。それは私がやる仕事になるのだろうか。それとも、私の若い同僚たちのだれかがひきうける仕事になるのだろうか。われわれの年齢のことを考えると、あとの予想があたるのではないかという気がする。

一九九三年四月一日に発足したあしなが育英会は、災害遺児の高校進学をすすめる会の事務局メンバーが主力になり、その後、心塾出身者と交通遺児育英会の事務局にいた玉井の子飼いの運動家たちが順次移ってきて、さいごに九七年四月一日付で林田吉司と西田正弘とが移ってきた。このような経過があるので、あしなが育英会の事務局の顔ぶれは、交通遺児育英会のそれを玉井に忠誠心をもつ者に純化して再現したものであった。玉井自身は九四年三月末日で交通遺児育英会の専務理事退任後、翌四月一日からあしなが育英会の副会長となり、九八年四月から同会会長として、一貫して同会を指導している。

玉井が指導するあしなが育英会の運動は、交通遺児育英会でかれが追求してきた運動のありかたを、さらに理想の方向に推し進めたものである。事業内容からみると、交通遺児育英会時代、それは遺児の教育運動であり、奨学金や一時金の貸与およびつどいと学生寮・心塾などの教育活動を二本柱としていたが、あしなが育英会の運動はそれらを継承し、さらに遺児と残された親の死別体験による心の傷へのケア活動をつけくわえた。このケア活動の必要は病気遺児家庭のうちガン遺児家庭の調査と支援においてまず示唆されていた。その後、その必要は、一九九五年一月に阪神淡路大震災が発生し、それによって生じた遺児家庭の支援にあしなが育英会が乗り出すにおよんで、大きくクローズ・アップされた。また、事業方法からみると、あしなが育英会は、街頭募金や遺児家庭の調査結果のキャンペーンなどをつうじて社会にはたらきかけ、「あしながさん」からの寄付を獲得し、これに企業からの寄付をふくむ一般寄付をあわせるところまでは、玉井時代の交通遺児育英会の手法を継承しているが、国庫からの助成はいっさいもとめず、理事会へのキャリア官僚出身者の天下りはひとりもうけいれていない。このかぎりでは、あしなが育英会は交通遺児育英会に比較して、市民運動団体としての性格を徹底させている。これは、交通遺児育英会の理事会が政治権力によって不当に干渉された経験の教訓によっていることはあらためていうまでもない。ただし、民間団体が、必要に応じて国庫から助成をうけることと、その組織運営において自治の原則をつらぬくこととは原理上矛盾するものではないのであるが。

あしなが育英会の運動の全体像を素描しておこう。

あしなが育英会が一九九三年度に発足してから九九年度までに奨学金を貸与した奨学生数は八二九九、同会はこの数字にそれにさきだつ災害遺児の高校進学をすすめる会の実績をもくわえて考えるのをつねとしているから、それにしたがうと、九九年度までに採用された奨学生全数は一〇〇九七、となる。遺児の種類別の内訳では、災害遺児三〇六四、三〇・三%、病気遺児七〇三三、六九・七%、となる。なお、あしなが育英会の公式資料では、震災遺児のための奨学金は阪神淡路大震災直後に独自に寄付をつのったので、災害遺児と震災遺児を区別してあつかっている。それによると、さきの三〇六四の災害遺児は、災害遺児二九五五、二九・三%、震災遺児一〇九、一・一%にわかれる。また、遺児の在学学校別の内訳では、高校奨学生七九五三、七八・八%、大学奨学生一九三七、一九・二%、専修学校奨学生一六七、一・七%、各種学校奨学生二九、〇・三%、大学院奨学生一一、〇・一%、となる(表40)。概括していえば、あしなが育英会は、その前史時代をふくめて、この一二年間に、約一万人の遺児の進学を援助した。かれらは、災害遺児約三〇〇〇、病気遺児約七〇〇〇、であった。

また、高校奨学生八〇〇〇弱、大学奨学生二〇〇〇弱、その他約二〇〇、であった。

あしなが育英会の奨学金の貸与月額は、一九九九年現在、高校で国公立で二万五〇〇〇円、私立で三万円、大学で四万円、ただし特別貸与額五万円の制度があり、大学院で八万円である。同時期の日本育英会の奨学金制度に比較すると、くわしくはいわないが、あしなが育英会のそれは、国公立高校のみでわずかにまさり、ほかは少々劣位にあるというところである。高校奨学金の希望者は、交通遺児育英会の最盛期の七〇年代後半から八〇年代初頭にかけての一六〇〇人台、一七〇〇人台に比較すれば、あしなが育英会の現状では減っている。この主要な原因は、交通事故にあう成人には肉体労働者、屋外労働者が相対的に多く、それゆえ、交通遺児が低い経済階層にかたよって出現するのにたいして、病気遺児は各階層にかたよらずに出現するので、結果として、交通遺児には病気遺児に比較して経済的に困窮している者が多かったということがある。くわえて、最近は生命保険制度が普及しているので、病気遺児家庭の多くはかなり高額の生命保険を受けとっており、遺児の教育費はその一部でまかなわれているという事情がある。さらに、このところの長びく不況のなかで、経済的に困窮している階層では奨学金という名の借金を子どもに背負わ

の推移

全制度奨学生		
災害遺児	病気遺児	合計
1,798	—	1,798
216	554	770
226（27）	1,039	1,265
235（41）	1,076	1,311
154（13）	1,050	1,204
140（11）	1,075	1,215
119（11）	890	1,009
176 （6）	1,349	1,525
3,064(109)	7,033	10,097

のそれぞれの奨学生をくわえたもの.

表 40　あしなが育英会の奨学生数

	高校奨学生			大学奨学生		
	災害遺児	病気遺児	合計	災害遺児	病気遺児	合計
1992 年以前	1,491	—	1,491	261	—	261
1993 年	133	500	633	67	54	121
94 年	147(13)	825	972	62(12)	214	276
95 年	157(20)	858	1,015	68(19)	218	286
96 年	116 (9)	769	885	32 (3)	265	297
97 年	102 (5)	832	934	32 (5)	223	255
98 年	90 (6)	660	750	26 (5)	207	233
99 年	145 (4)	1,128	1,273	24 (1)	184	208
累　計	2,381(57)	5,572	7,953	572(45)	1,365	1,937

注 1：災害遺児欄の(　)内の数字は震災遺児数.
　2：全制度奨学生は，高校奨学生，大学奨学生に専修学校，各種学校，大学院

せたくないという心理がはたらいていることも推測されている。

病気遺児家庭をめぐるこのような経済状況は、あしなが育英会の教育運動の構成分野において、奨学金制度による学費保障の比重を相対的に低下させ、そのほかの奨学生教育、遺児の心のケアなどの比重を相対的に上昇させることになった。玉井は、交通遺児育英会時代、とくにその初期では、日本育英会の奨学金制度より格段に高水準の奨学金制度を維持していたが、いまはほぼ同水準の制度を実施しているのは、この比重の変化のひとつの帰結であろう。奨学生教育の主要なプログラムは、高校奨学生のつどい、大学奨学生などのつどい、つどいのリーダー育成のためのつどい、学寮・虹の心塾の教育、それに友好団体・日本ブラジル青少年交流協会によるブラジル留学などで、その基本構成は、玉井が指導していた時代の交通遺児育英会のそれ

と同一である。

教育プログラムの機軸となるつどいにわずかにふれておこう。一九九九年を例にとれば、高校奨学生のつどいは八月に全国九会場で三泊四日でひらかれ、高校奨学生一一三二人、大学奨学生リーダー四一四人が参加した。高校奨学生の参加者はあしなが育英会の全高校奨学生の四七％におよぶ。高校奨学生は、その高校時代に平均して一・五回、つどいを経験する訳である。また、大学奨学生リーダーは、山中湖の大学奨学生のつどいを経験してきた一年生を中心に、かれらと同数以上の二年生、三年生などのリピーターをふくむ。高校奨学生のつどいの主要プログラムは、「自分史を語ろう」という自分史語りを筆頭に、個人面談、話し合い、野外活動、キャンドル・サービスなどであるが、自分史語りが大きい教育効果をあげている。これは十数人の小集団で、まず大学奨学生リーダーが自分史を語ってモデルを示し、ついで、高校奨学生たちがそれに倣って自分史を語ってゆくというものである。

大学奨学生のつどいは山中湖畔で七月二八日から五泊六日でひらかれ、大学奨学生一年生一九二人、奨学生ではない遺児学生の一年生一九人、上級生リーダー五八人が参加した。大学奨学生一年生の参加者はあしなが育英会の大学奨学生一年生の全数の七八％におよんでいる。この参加者のほとんどが、八月に各地の高校奨学生のつどいにリーダーとして参加することになる。大学奨学生のつどいの主要プログラムも、「自分を語ろう」という自分史語りが機軸で、野外活動などは高校奨学生のつどいと共通するが、独自のものとして、卒業生の講演、ガン遺児家庭の面接調査への手引き、あしながファミリーの弟妹としての遺児の高校奨学生について考えることがふくまれていた。自分史語りがもっとも大きい教育的効果をあげているのは、高校奨学生のつどいと同様である。

あしなが育英会の奨学生は、高校奨学生のころに一、二回、自分史語りを経験する。かれあるいは彼女は、卒業後、大学に進学すると、大学奨学生のつどいでもう一回、つづいて高校奨学生のつどいにリーダーとしてさらに一回、自分史を語る。リーダーのリピーターになると、その回数はさらに増加する。親の病死や事故死をふくむ不幸と苦悩の物語をくり返し語ることは、自己にたいする省察を深め、死んでいった親、残された親への理解を深める。自己の過去を認識することは、その過去が規定する現在の自分の生きかたを認識することにつうじ、自分が周囲の人びとにとってどのような存在であるのかということを教示し、どのような存在へと自己を変革してゆくべきかまでを示唆する。つどいにおける自分史語りは、教育の至高の課題、「汝自身を知れ」を達成する可能性をもつにいたった。玉井は、教育運動家としての経験をつみながら、自分史をもっとも有効な教育方法とみることになった。

わずかに名称が言及されたガン遺児家庭調査にふれておこう。あしなが育英会は発足後、病気遺児家庭調査、ガン遺児家庭調査を実施し、その企画と結果分析を私の研究グループにゆだねた。ガン遺児家庭調査は、父親あるいは母親のガン発病以来、長期にわたる患者の闘病と家族の看病、仕事、家事の三重の負担が、家族全員の心身を深く疲労させ、患者が死亡したあとに残されたガン遺児家庭は物心両面で破壊的影響をこうむっている事実をあきらかにした。ほかにインフォームド・コンセントの問題や患者家族が医師や医療機関にたいしてもつ不信感、不満感などもあきらかにされた。

この調査はのちに思いがけない拡がりを示すことになった。前出の西本征央が慶応義塾大学医学部におけるかれの講義に玉井をまねき、かれの運動経験を喋らせた。これに感激した医学生たち二十数人があしなが育英会の事務所を訪れ、かれらに仕事を手伝わせてほしいと頼んだ。玉井は、ガン遺児家庭の事例調査をやらせることにして、その調査をおこなってい る最中の私にかれらへのインストラクションをおこなわせた。私は、医療においては医師にとっての真実と患者にとっての真実があり、二つの真実はしばしば異なること、調査は患者の真実をとらえねばならぬことを教えた。たとえば、病名の告知にかんする医師にとっては当然の正確な発言が、患者とその家族にとっては不当で残酷な発言となることがある。

医学生たちは、ガン遺児家庭を訪れ、長い闘病期間の苦悩と疲労、死という喪失体験による悲哀、それらにともなう医師や医療にたいする不信と不満が、なまなましく語られるのを聞くことになった。それは、不断、かれらが大学病院において医師対患者の権威—従属関係のなかにいては、けっして聞くことができない真実の声であった。医学生たちはみな、素晴らしい出来栄えの事例報告を書いてきた。かれらは医師にとっての真実とは異なる患者の側の真実をさまざまな具体的事実のなかで学んだようであった。その患者の真実を医師になってからも忘れないようにしますと書いた者もいた。私は玉井と、医学教育は、このような患者家族の事例調査を必修科目にするべきだと話しあった。

2　虹の家

一九九五年一月一七日午前五時四六分、阪神淡路大震災が発生した。マグニチュード七・二、死者は同月内に確認されただけで五〇九二人。のちに兵庫県監察医務室は二六〇〇体の検死結果によって、死者たちの九〇％以上が圧死、窒息死、頭部外傷、頸椎骨折などにより即死、ないしは一五分以内に死亡したと発表している。地震を原因とする死者は、地震のあとも時間の経過につれて増加していった。被災者たちは劣悪な生活環境におかれ、そのなかで高齢者、病弱者などの死亡があいついだ。また、救助活動による過労や医療の不充分さによって急病死する例も少なくなかった。大災害に心をうちひしがれた自殺者も出た。神戸市の公式資料は、二〇〇〇年一月一二日現在で、死者六四〇〇人、重症者八五九三人、軽傷者三万一四九九人、家屋の全壊、全焼一一万一一三棟、半壊半焼一三万七二八七棟と記録している(フェニックスプラザ、阪神淡路大震災復興支援館『激動の記録、兵庫県南部地震と活断層、防災の知識』)。

この大震災の第一報に接して、玉井義臣が最初に考えたのは、被災地域に居住する遺児奨学生たち、「あしながさん」たちで、死者は出たのだろうか、被災した者はどれほどいるだろうかということであった。かれは、一月二一日には、その確認のために、あしなが育英会職員の樋口和広、田中敏の二人を神戸に送りこんだ。まだ、被災地の鉄道網が完全には復旧していなくて、かれらは新大阪からは電車を乗りつぎ、電車がないところは歩いて神戸に入った。かれらは、その日から、崩壊したビルや焼失した家屋の跡がまじる市街を三日間で五〇キロメートル以上歩きまわって、遺児奨学生たち、「あしながさん」たちのひとりひとりの住所をたずねて、かれらの安否を確認していった。

同じ一月二一日、東京のあしなが育英会では理事会が開催され、玉井から、樋口たちの派遣が報告され、震災遺児への奨学金特例措置、震災遺児激励募金などの提案が可決された。玉井は、最初、震災遺児への支援を高校生、大学生への奨学金の貸与をつうじてのみ考えており、小・中学校生徒や学齢未満児をふくむ全遺児への支援が提案されると、ためらうようであった。会の財政基盤がその支援のための負担にたえきれるだろうかと、かれはいった。そのころ、前述のつくられたスキャンダルが報道されており、それによって、かれはいくらか弱気になっていたのかもしれない。しばらく論議したあと、若手理事の今井靖はつよい口調で発言した。「(全遺児支援を)必要ならば、やりましょうよ、金が足りなくなったら、また募金で集めればよいじゃないですか」。今井は、慶応大学自動車部員で全日本学生自動車連盟の委員長をつとめ、学生募金運動でめざましい働きをし、玉井に推挙されて安田生命に入社した、いまは中堅クラスのひとりである。この今井の発言で論議の大勢は一気に決まった。ただし、全震災遺児支援の基本方針が一度決まると、玉井は、その後、あしなが育英会神戸事務所設置、震災遺児ローラー調査、数次の震災遺児激励募金、震災遺児の心のケアの充実、そのケアの拠点としての虹の家建設まで、みごとな運動の指導ぶりをみせた。このたてつづけの力業によって、つくられた一過性のスキャンダルはたちまちどこかに消しとんでしまった。

二月一〇日、樋口たちは神戸市内の御影工業高校に活動拠点を設け、その日から被災地のすべての学校をまわって、震災遺児のリストを作成、提供してほしいと依頼した。ところが、多くの学校は生徒のプライバシーの保護を理由にして、この依頼を拒否してきた。玉井はその報告をうけて、二月一五日から震災遺児をさがすローラー調査に踏みきった。すなわち、東京の育英会本部で新聞各紙に掲載された阪神淡路大震災による全死亡者名簿から、子どもの父母である可能性をもつ二〇歳以上五九歳以下の男女の名簿をつくり、そのひとりひとりの住居、住居跡あるいは避難先をたずね、家族や隣人たちに会って死者の遺児の有無を確かめ、遺児がいるとわかればさらにその遺児に会いにゆき、住所までをつきとめるという方法である。調査員は、育英会職員のほかに、全国各地からやってきた同会の遺児奨学生のボランティア、さらには「大震災被災地の人びとを応援する会」の一般学生と市民のボランティアが加わった。この調査は三月半ばに完了したが、震災遺児五〇四人の氏名、住所が確認された。延べ八八一人のボランティアが一七〇〇余世帯を訪問調査した成果であった。

四月一日、あしなが育英会神戸事務所が開設され、樋口が所長代理として実質的責任者となり、八木俊介が所員として赴任してきた。神戸事務所は、それから、震災遺児と震災遺児家庭にたいする心のケアの拠点となり、これに関西在住の交通遺児・病気遺児の大学奨学生のボランティア・グループ、阪神大震災遺児と共に生きる会が協力することになった。震災遺児を励ますつどいは、一回目は三月中に有馬温泉でおこなわれていたが、第二回は八月に入ってから海水浴場がある香住町でおこなわれた。そこで遺児たちのひとり、小学校五年生の秋元雄仁が「黒い虹」の絵を描いた。かれは、月と星が散りばめられた夜空に緑、青、赤、黄の四色の虹を架け、のち赤い部分を黒く塗りつぶした。その絵は、父親が圧死した遺児の荒涼とした心理の象徴であった。雄仁は、のちにこの絵に詩をつけた。

「かすみのつどい」で絵をかきました。
「きれいなにじ」をかきました。
青と黄色のにじをかきました。
月をかいて、空をくろくぬりました。
ぼくをたすけてくれた、お父さんのことは、
夜におもいだします。
よくこわいゆめをみます。
いつもおねえさんが、大きいこえでおこして
たすけてくれます。
学校でともだちに、よくどつかれ
いじめられます。
でもブランコやスベリだいが大好きです。
べんきょうはきらいだけどしゅくだいは
ちゃんとしていきます。

お父さん、てんごくにいてください。

なぜ、雄仁は赤の部分を黒く塗りつぶしたのか。遺児たちに大震災にかかわる絵を描かせると、赤は、しばしば死者たち、負傷者たちが流した血の色であり、生き埋めになった人びとを焼き殺した焔の色である。それで雄仁も赤をきらったのか。かれの父親は生き埋めになって五時間後に遺体となって掘り出された。雄仁自身も生き埋めになり、九時間後に助け出された。少年は倒壊した家屋の下敷きになり、暗闇のなかに閉じこめられ、恐怖心から泣くことができず、声も出せず、そのため救援隊の呼びかけに応答できず、救出がおくれたのであった。救出されたあとも、かれは目を大きく見開き、はげしく震えつづけながら、ながいこと口がきけなかったという。この体験は、以前から少しあったかれの吃音癖をはなはだしくひどくした。かれが震災後に転校した小学校でいじめに会っているのは、その吃音のせいらしい。樋口によれば、香住のつどいで遺児たちに描かせた絵のほとんどが、心理的ＳＯＳを発していると解釈される。

あしなが育英会は、九五・九六年の恒例の調査の主題を震災遺児家庭の震災体験と生活実態として、その企画と結果分析を私の調査チームにゆだねた。またしても、日本の社会学ではいっさい先例がない主題の調査である。私は、九五年は事例調査に徹して、主題の全体的把握につとめることにした。その調査は、体験としての家族の死にはじまる八つのトピックスをめぐって、質問は最小限におさえつつ、インタビューイーに一時間半から二時間にわたって自由に喋らせ、それを録音しておこし、くわしく分析するという方法をとった。最終的には一七〇世帯の震災遺児家庭で事例調査がおこなわれた。そこでえられた知見は、翌年の九六年、三三五世帯の全震災遺児世帯を対象に調査票をつかった郵送調査で統計的に確認された。

両年度の調査があきらかにした膨大な事実のうち、家族の死にかんする心理の特性にかぎって、四つだけ紹介する。(1)震災による死は、直前までふつうに生きていた人間を不意に襲う死であり、同じ死の危険に直面している家族のそばで起こる。これらの死は、その死を真近で目撃あるいは感得した人の心を深く傷つける。死別にともなう悲しみ、さびしさの一般的感情にくわえて、納得できないという感情、怒り、無力感がつよい。(2)震災による親の死は、子どもをかばって、あるいはかばおうとして、また子を気遣いながら迎えた死が多い。阪神淡路大震災は早朝に起こったので、その事例が増えたのだろう。典型的な例は、親が子どもの身体のうえに覆いかぶさり、落下物の直撃をうけて死んでいる。このような親の死にかたは、生き残った子どもに、すまない、私のために親を死なせたという罪悪感、自責の念をもたせる。(3)震災遺児の心の傷のうち、(1)、(2)で指摘したもの以外に多くみいだされるものは、生き埋め体験にもとづく暗闇や閉所にたいする恐怖症、火の熱や炎の色への生理的嫌悪感、建物や大地のわずかなゆれにたいする恐怖症などがある。これらは年少の子どもに広く存在するが、年長の青年にもまれではなく、しかも、ばあいによっては生涯にわたって遺児を苦しめると予想されていた。震災後五年目の調査によっても、これらの感情が忘却されていない例が多い。(4)家族の死を心理的に受容することができない事例が多くみられた。その死の事実をいちおう認知しているのだが、完全に現実として受容することができない。残された家族のなかでその死を話題にすることが避けられているのは、その典型例のひとつである。家族の死について残された者たちが話し合い、悲しみを表現し、共有するところから心理的回復がはじまる(副田義也、加藤朋江、遠藤惠子「死別体験の博物誌——一九九五年一月一七日・神戸」副田編『死の社会学』岩波書店、二〇〇一年所収)。

神戸事務所によるつどいの経験にもとづく報告とわれわれの調査の結果分析の報告にもとづき、玉井とかれのスタッフは、震災遺児への支援の機軸部分は心のケア、心の傷のいやしであることを認識した。その方法としては、つどいでつくりあげてきた自分史語りがあると、かれらは考えた。自分史は自己表現と自己認識をつうじて、心のケアと成長を達成する。

そのころ、玉井は、アメリカ合衆国オレゴン州ポートランドに一九八二年に創設されたダギー・センターという親と死別した子どもたちの悲嘆教育施設の活動を新聞報道とテレビ番組で知った。さまざまな死因で親を亡くした子どもたちが、その施設にかよってきて、活動をする。かれらは、年齢別、親の死因別などにより、一〇人から一二、三人の小集団にわけられ、親との死別の記憶を語りあい、自分の悲哀などを創造的に表現するために絵を描いたり、短い劇を演じたりする。輪になってすわり、たがいに手をとりあい、いっしょに泣くこともある。それらの活動をつうじて、子どもたちは自分は孤独ではない、仲間がいるのだと実感することができる。

ダギー・センターの小集団活動とつどいの自分史語りとは同じことをやっていると、玉井は思った。震災遺児のために、自分史語りの場となる施設をつくるべきだ。そこにダギー・センターのように、専門家のスタッフや市民・学生ボランティアをおこう。神戸事務所の樋口からは、遺児たちからの心のSOSに答えることができるデイ・ケア・センターをつくりたい、秋元雄仁のような子どもがいつ来ても安心することができる駆け込み寺のような施設にしたいという提案が送られてきていた。黒い虹を描いた子どもは、美しい虹の表現をとりもどすべきである。そのケア・センターの愛称は、虹の家、レインボー・ハウスにしよう。

九五年の私たちがやった震災遺児家庭調査の結果のプレス発表は一〇月一八日におこなわれたが、玉井は、その席でレインボー・ハウス構想を発表した。ついで一二月二日には臨時理事会をひらき、レインボー・ハウスの設立を正式に決定し、「千円レンガ」という寄付の募集をはじめた。これは建設費として、レンガ一個分千円を寄付してもらうというものである。先述の調査結果は報告書にまとめられるまえに、一部があしなが育英会編、副田義也監修『黒い虹――阪神大震災遺児たちの一年』(広済堂出版、一九九六年)として単行本化され、五万部を完売した。その書物のなかで、玉井は、さきの構想をいっそう具体的に述べている。あけて九六年の春、第五二回あしなが学生募金がおこなわれたが、それにさきだって募金事務局は同年中の募金金額をレインボー・ハウスの建設資金として寄付することを決定した。五月末から六月にかけて、玉井は、のちに虹の家のスタッフとなる事務局員たちを心の癒し米国調査団としてまとめ、自ら引率して、ダギー・センターで見学・研修させている。九七年一月には新成人の遺児大学奨学生たちが全国で虹の家建設緊急募金をおこない、二月には六四組の一流芸能人によるマザー・グース・コンサートが開催され、それぞれ約一五〇〇万円を虹の家のために寄付した。これらが華々しく報道されるたびに千円レンガなどの一般寄付が伸びた。この年四月にはレインボー・ハウス建設小委員会が発足し、以後、一〇〇回以上の会議がおこなわれて、九八年三月には設計図が完成している。三月二八日、レインボー・ハウス起工式、九九年一月九日から一二日にかけて竣工式、その時点でレインボー・ハウス建設費のための寄付金は一四億一四五三万円(振込件数二万九四四五件)に達しており、必要額に五〇〇〇万円弱が不足というところまできていた。

レインボー・ハウスは、玉井とあしなが育英会運動が産みだした傑作のひとつである。それは神戸市東灘区本庄町の一角に建つ瀟洒な五階建ての建物である。その設計哲学の基本原則は、遺児たちの「落ち着ける場所」、「安全で安心できる場所」とされ、具体的なキー・ワードは「家」であった。それは倒壊した家屋の下敷きになって、親と死別しなければならなかったかれらの心がもとめるものである。レインボー・ハウス全体は四つのゾーンで構成される。第一は癒しゾーン。ここでは遺児たちが遊んだり、学んだり、つきあいながら、傷ついた心をいやされてゆく「癒しのプログラム」のために一二の部屋が用意されている。火山の室は、壁と床に赤いマットを敷きつめ、サンドバッグをつるし、それらを打ったり蹴ったり、体をぶっつけて、ストレスや怒りを発散させる室である。おもいの室は丸い小部屋で、天窓から光がさしこみ、遺児や母親はそこでひとりになって、死者の遺影や遺品と対話し、泣くことができる。第二はボランティアゾーン。レインボー・ハウスの活動を支えるボランティアの養成、会合、休養、さらにはかれらの心の癒しのための四部屋がある。遺児たちの心の傷の癒しにとりくむボランティアは、その仕事によって心が傷つくことがあり、かれらにも癒しが必要になるのだ。第三は学生寮ゾーン、二五室、食堂、大浴室。第四は共用ゾーン、事務室、館長室など。建物全体はバリアフリーが徹底している。

レインボー・ハウスには、震災遺児家庭の遺児、母親、父親が年間とおして延べ約二五〇〇人、ファシリテーターと呼ばれる心のケアのボランティアが年間延べ約五〇〇人、集まってくる。遺児たちの心のケアのための主要なプログラムはグループ・タイムと呼ばれる小集団活動で自分史語り、家族史語りを機軸にしている。遺児たちは、幼児のグループから中学生以上のグループまで年齢別にまとめられて、それぞれの活動内容はかなり異なる。ほかに遺児たちの学習活動、レクリエーション活動がつどいや教室としておこなわれている。また、一年間のレインボー・ハウスにおける実践経験は、親へのアプローチの成否が遺児の心のケアに当初予想していたより大きく影響することをあきらかにした。談話室などにおける遺児家庭の母親たち、父親たちのインフォーマル・グループの活動は、かれらの来館の動機づけとなり、それが遺児たちをレインボー・ハウスになじませている。また、二〇代の青年期の遺児たちの心のケアも新しい活動課題となっている。

3 「あしながさん」群像

玉井義臣は、交通遺児育英会が発足して一〇年目の一九七九年に「あしながおじさん」制度を創設して決定的な成功をおさめた。同会におけるこの制度の最盛期には、「あしながおじさん」の寄付によって、会の収入の半分以上がまかなわれたことは、さきに述べたとおりである。交通遺児育英会は民衆の自助団体の性格を次第に強めていった。一九九三年に玉井はあしなが育英会を発足させるとき、その性格を意識的に継承して、「あしながさん」制度が財政装置の機軸となるように組織を設計した。このねらいは、そのとおりに実現している。あしなが育英会の収入構造の歴史的推移のラフ・スケッチによって、まず、それを確認しておこう。

あしなが育英会は、それにさきだった災害遺児の高校進学をすすめる会、病気遺児の高校進学を支援する会の時代の分をあわせると、一九九九年度までに一四五億九七六九万円余の寄付金を集めている。そのうち、「あしながさん」の寄付は七六億七四五八万円余で、これは全寄付金額の約五三%にあたる。このほか、めぼしい寄付の範疇は、一般寄付(街頭募金をふくむ)四二億八二七三万円余、約二九%、「虹の家」募金一四億四八一一万円余、約一〇%、震災遺児募金六億七〇四四万円余、約五%、ファイトがん遺児募金三億三八九四万円余、約二%などである(表41)。以上から、「あしながさん」制度が、あしなが育英会の財政装置の機軸として機能していることはあきらかであろう。

しかし、「あしながさん」制度による年間の寄付金額には上昇と下降がある。その金額は、あしなが育英会が発足した一九九三年には八億一三二五万円余で、翌九四年には八億二三一〇万円余で最高値を記録するが、その後の三年間は対前年で減少する下降線をたどる。すなわち、九五年八億八〇〇万円余、九六年七億七四四二万円余、九七年七億二一六八万円余。不況の深刻化を基本的原因としているにちがいない、この下降線に玉井は危機感をつのらせていた。私は提案して、九八年に恒例の社会調査の主題を『あしながさん』の活動と意見」

一覧表(単位：円)

震災遺児募金	「虹の家」募金	「医師」口	かけはしさん
7,858,414			
423,886,623	135,547,402		
174,552,880	674,987,334		
28,695,550	310,586,114		
20,829,871	309,298,541	5,572,138	27,778,777
14,625,431	17,700,115	373,762	149,145,518
670,448,769	1,448,119,506	5,945,900	176,924,295
4.6	9.9	0.1	1.2

表 41　あしなが育英会の年度別寄付金額

年度	寄付金総合計	災害あしながさん 病気あしながさん*	災害一般寄付 病気一般寄付*	ファイトがん 遺児募金
1987	221,453,232		221,453,232	
88	331,023,573	160,528,744	170,494,829	
89	558,714,649	320,500,627	237,622,029 591,993*	
90	602,817,889	325,191,266	137,335,849 140,290,774*	
91	809,867,238	290,074,376 221,253,395*	131,504,751 167,034,716*	
92	1,048,337,262	254,792,905 435,063,727*	132,777,711 225,702,919*	
93	1,168,301,587	813,254,010	355,047,577	
94	1,230,596,064	823,105,334	399,587,316	45,000
95	1,769,406,345	808,006,725	399,821,073	2,144,522
96	1,761,251,001	774,427,620	136,477,567	805,600
97	1,448,890,155	721,683,618	350,942,242	36,982,631
98	1,897,891,711	729,534,590	545,177,114	259,700,680
99	1,749,145,051	997,165,010	530,868,838	39,266,377
寄付金総累計	14,597,695,757	7,674,581,947	4,282,730,530	338,944,810
上記の百分比	100.0	52.6	29.3	2.3

とし、樽川典子、藤村正之を中核メンバーとする最大規模の調査チームを編成して、この仕事にとりくんだ。われわれの中間報告段階の知見の一部をすぐにつかって、同年、玉井は制度の活性化にとりくみ、下降を押しとどめ、わずかな上昇を実現させた。ただし、全寄付金額はその年度に最高値を記録したので、全寄付金額を重視する観点に立つと、「あしながさん」制度による寄付金額とほかの範疇の寄付金額との関係をさらにくわしく検討してみる必要がある。しかし、その検討は、本格的なあしなが育英会史の課題であろう。ここでは、九八年調査のデータの一部をつかい、「あしながさん」のプロフィールのラフ・スケッチを提示し、それと八五年の「『あしながおじさん』の体験と意見」のデータの一部を比較対照して、かつての「あしながおじさん」と最近の「あしながさん」はどこで変化しているか、また、新旧の「あしながさん」の意識特性はどこで共通しているか、などを、みておきたい。

一九九八年八月現在、あしなが育英会に「あしながさん」として登録されている人びとの総数は二万七八〇二である。このうち、前年の九七年に寄付の入金があったものは一万二〇七七で、これはさきの登録総数の四四・一%にあたる。この約二万八〇〇〇人の「あしながさん」が、あしなが育英会の財政の半ばを支えてきているのである。かれらの概況をまずみておこう。性別では男性四三・六%、女性五六・四%、である。初回入金時の年齢構成をみると、四〇歳代二四・七%が最頻値であり、ついで三〇歳代一八・〇%、五〇歳代一四・二%である。大人の小計は五六・九%となる。二〇歳代一三・三%、一〇歳代三・三%、若者の小計は一六・六%である。六〇歳以上は一二・二%である。居住都道府県では首都圏への集中が目立っている。東京都三一・三%、神奈川県一四・七%、千葉県七・九%、埼玉県七・九%、以上の小計は六二・八%におよぶ。ほかの府県では、大阪府四・六%、兵庫県四・二%、愛知県三・四%、福岡県二・二%がめぼしいところである。

「あしながさん」のひとり当りの平均寄付額は、紹介ずみの九七年のデータによれば、この年の「あしながさん」の寄付金額は七億二一六八万三六一八円、寄付した「あしながさん」の人数は一万二〇七七人であるから、その金額をその人数で除すると、五万九七五六円となる。この年、ひとりの「あしながさん」は年間約六万円、毎月の送金であれば月額約五〇〇〇円を寄付したことになる。われわれの今回の調査では、九八年の寄付金額を訊いているが、それは、三万円未満三一・八%、三万円以上六万円未満二三・三%、六万円以上一〇万円未満一八・五%、一〇万円以上一九・三%と分布する。三万円未満の寄付者の比率は低い年齢階層、低い社会階層にゆくほど上昇し、一〇万円以上の寄付者の比率は高い年齢階層、高い社会階層にゆくほど上昇する。

すでに述べたように、交通遺児育英会で「あしながおじさん」制度が発足したころは、ひとりの「あしながおじさん」がひとりの遺児奨学生に毎月奨学金相当分の金額を同会をつうじて贈るということが原則となっており、のち、「短足おばさん」の出現によって、毎月贈る金額のみが奨学金相当分を下まわることがあるという例外がみとめられるようになった。これにたいして、あしなが育英会の「あしながさん」制度では、さきの原則はきわめて一部の「あしながさん」に意識されるにとどまっている。大多数の「あしながさん」は、特定のひとりの遺児奨学生を援助しているとは考えておらず、贈る金額についても奨学金の金額の全部あるいは一部であるというような対応関係を意識していない。この点では、あきらかに、八四年の「あしながおじさん」と九八年の「あしながさん」のあいだでは意識の変化が生じている。

かつての「あしながおじさん」制度では、特定の見知らぬ遺児に学資の援助をするということがロマンティックな魅力として強調されていた。それは、その命名が由来する、ウェブスターの小説『あしながおじさん』の魅力でもあった。これにたいして、現在の「あしながさん」制度では、未知の援助対象としての遺児個人との人間関係の魅力より、「あしながさん」の援助活動自体の魅力が人びとを惹きつけている。それを「あしながさん」になるさいの動機、意志のありかたでたずねた。

「あなたが『あしながさん』になろうと思われたとき、つぎのような気持がありましたか」と訊いて、複数回答をみとめて、回答してもらった。「災害遺児・病気遺児・震災遺児とその家族を応援したい」九五・二%、「社会参加やボランティア活動をしたい」五三・九%、「社会の不平等をなくしたい」三九・四%、「やりがいのあることをしたい」三一・八%、「育英会の行事などに親しみがもてる」二二・五%、平均回答数は二・四個であった。

「あしながさん」は、災害遺児・病気遺児などの進学を援助したいと思ってなるのであるから、遺児とその家族の応援型が九割を超すのは当然であろう。ほかは社会参加型が約五割、不平等是正型が約四割、自己実現型が約三割となる。これらは、「あしながさん」活動が当

表42 「あしながさん」になるときの気持ち(M. A.)×年齢, 階層帰属意識

	(N)	遺児を応援したい	社会参加をしたい	不平等なくしたい	やりがいあること	育英会に親しみ
合　計	(6,090)	95.2	53.9	39.4	31.8	22.5
29歳以下	(214)	97.7	75.7	51.4	39.3	28.0
30歳代	(886)	95.8	61.5	44.9	35.0	18.6
40歳代	(1,652)	95.5	61.5	45.5	35.4	23.5
50歳代	(1,735)	96.1	57.2	42.2	32.3	24.0
60歳代	(852)	94.7	41.2	29.5	28.3	21.8
70歳代	(695)	92.1	28.2	19.4	20.9	20.7
上	(409)	96.8	57.0	38.6	34.2	26.9
中の上	(3,299)	95.9	55.9	40.7	33.4	22.0
中の下	(1,676)	94.3	52.0	38.8	30.4	23.0
下	(399)	93.7	48.6	38.6	29.1	23.3

事者に感じさせる魅力の構成を示している。なお、社会参加型と自己実現型の比率は、「あしながさん」になった年が新しいほど、若い年齢層ほど、そして高い階層になるほど上昇する(表42)。

「あしながさん」になることを志す人びとの主要な人格特性としては、現在の幸福感と過去の不幸体験がある。

「あしながさん」の多数は現在の自分自身を幸福であると意識しており、「あしながさん」になることはその幸福の一部をほかの人びとにわかつことであると考えている。それは、八四年の調査によっても、九八年の調査によっても確認されてきた。それでは、かれらは、なにを理由として自らは幸福であると判定するのか。主な理由を三つまでの重複回答を許して訊くと、「人並みのくらしをしていること」五二・〇%が最頻値であり、つい

で「自分が健康であること」四三・九%、「家族が健康であること」四〇・二%、「家族のあいだが良好であること」三九・八%などがくる。この理由の上位四位をみると、「あしながさん」の多数部分の幸福はつつましやかな庶民の幸福、高望みをしない足るを知る者の幸福であることがわかる。かれらは、人並みの生活水準でくらし、自分と家族が健康で、家族が仲良くしていれば、幸福なのだ。幸福の理由として、「比較的ゆたかなくらしをしていること」をあげた者は、わずかに一四・三%しかいなかった。

「あしながさん」のつつましやかな幸福感の性格についてもう少し分析をつづけよう。現在の自分の生活が何によってもたらされたと思うかという設問がある。「どちらかといえば、誰かに生かされてきたので、いまの生活があるとおもう」四八・五%、「どちらかといえば、これまでの自分の努力があったので、いまの生活があるとおもう」二九・五%、「どちらともいえない」一七・三%。現在の自分の生活の成り立ちについて、他人からの恩恵によるとみるものの比率が、自分の努力によるとみるものの比率を上まわる。

また、助け合いについての設問がある。「私は、周りの人たちに支えられてきたので、誰か別の人の支えになりたい」六三・六%、「私は、とくに誰かに支えてもらった訳ではないが、誰かの支えになりたい」一九・五%、「私は周りの人たちに支えられてきたので、その相手の支えになりたい」五・六%。この結果を、恩の思想の文脈で言いなおせば、六九・二%のものが身近な他者から恩をうけたと自覚しており、六三・六%は施恩者以外の人びとに報恩をしたいと願っており、五・六%は施恩者自身に報恩をしたいと願っているということになる。

以上を総合してみると、「あしながさん」の多数派が幸福であるとみる自身の生活は、どちらかといえば他人のおかげによるものであり、だからかれらも別の他人に恩返しをしたいと考えていることになる。「あしながさん」の寄付活動の性格を判定させたばあい、それを「恩返し」とみなす回答例は八四年調査でも九八年調査でも一六%台で、かならずしも多くない。しかし、前記の二つの設問の回答結果を全体としてみれば、恩返しの思想は「あしながさん」の広い範囲の行動原理になっていることがわかる。

「あしながさん」になった動機の遠因としては過去における不幸の体験があげられることが多い。自分が不幸な体験をし、それによって悩み苦しんだからこそ、他者の不幸な体験を見逃せず、「あしながさん」となって、他者の苦しみ、悩みをいくらかなりと、救済・予防しようというのである。それは八四年調査でも九八年調査でも確認されている。今回の調査では、「あしながさん」になったことに関係する不幸の体験を八つあげて、該当するものいくつに○印をつけてもかまわないという方法で答えてもらった。全体では五九・九%が「あしながさん」になったことに関係した不幸の体験があったとしている。かれらがあげたその不幸の体験の比率の合計は一〇一・〇%になる。概括的にいえば、約六割の「あしながさん」が、ひとりあたり平均一・七個の不幸体験をあげたことになる。その種の体験が「とくにない」は三三・三%、であった。

八つの不幸の体験を比率の高さの順位であげてみる。(1)「大事な家族・親せき・友人と死別したこと」一七・九%、(2)「奨学金や学費の支援をうけたこと」一五・五%、(3)「貧しい家庭で育ったこと」一三・七%、(4)「母子家庭・父子家庭で育ったこと」一〇・七%、(5)「希望の学校にゆけなかったこと」七・九%、(6)「大病・大けがをしたこと」七・〇%、(7)「苦学したこと」六・五%、(8)「大事な家族・親せき・友人が大病・大けがをしたこと」五・二%。ほかに「その他」一六・七%があった。なお、奨学金や学費の支援は、それによって進学が可能になったとみれば幸福の体験という見方も成立するが、半面において、教育費が不足していた、貧しい家庭で育ったという事実があり、それらは不幸の体験と認識されているので、ここでの選択肢のひとつとした。

八つの不幸体験をそのままみていると、回答の比率が散らばりすぎて、全体の傾向がつかみにくい。そこで回答者をあらためて六グループに再編成し、それぞれの比率をもとめた。

(1)「勉学の苦労体験」＝「奨学金や学費の支援をうけたこと」、「苦学したこと」、「希望する学校にゆけなかったこと」のうち、ひとつ以上を選択したもの、二六・四%。

(2)「病気・けが体験」＝「大病・大けがをしたこと」、「大事な家族・親せき・友人が大病・大けがをしたこと」のひとつ以上を選択したもの、一二・三%。

(3)「死別体験」＝「大事な家族・親せき・友人と死別したこと」を選択したもの、一九・二%。

(4)「貧困体験」＝「貧しい家庭で育ったこと」、「母子家庭・父子家庭で育ったこと」のひとつ以上を選択したもの、二二・一%。

(5)「その他」＝「その他」を選択したもの、一七・九%。

表43 「あしながさん」になることに関係した不幸体験(リコード)×年齢別，性別，階層別

	合計	勉学の苦労	病気やけが	死別	貧困	その他	とくにない
合　計	5,864	26.4	12.3	19.2	22.1	17.9	35.8
上	389	22.8	10.0	17.7	15.4	13.1	46.3
中の上	3,167	26.0	12.1	18.3	19.8	17.5	37.6
中の下	1,629	27.9	12.7	20.6	25.0	19.3	32.4
下	397	29.2	15.9	22.4	34.3	21.2	25.2

(6)「とくにない」＝「そのようなことはない」を選択したもの、三五・八％。

この六グループの比率を標本の基本的属性との関連を検討するとき、(1)から(5)までのグループの比率が、低い階層にゆくほど上昇するという規則的変化が発見された。表43をみられたい。「勉学の苦労体験」、「貧困体験」のばあい、それらの比率の変化の少なくとも一部は、低い階層の世代的再生産の事実を示していると理解される。これにたいして、「死別体験」、「病気・けが体験」の比率の変化のばあい、大事なひととの死別や自他の大病・大けがなどの不幸の体験が、低い階層にゆくほど、「あしながさん」になることを促す影響力をつよめるという事実を示している。つまり、不幸体験は貧しい人びとにおいてほど、他者への同情と支援を促す力をつよめるのである。この理解は「勉学の苦労体験」や「貧困体験」の一部でも適用可能かもしれない。

4　心のケアと地球社会のケア

一九九六年四月一日、あしなが育英会は会則の変更をおこな

った。それは、同会が運動をつうじて変化させてきた会の性格を、会則レベルで表現・確認しつつ、そのいっそうの徹底をめざすものであった。新しい会則の注目するべき変更部分は、その第三条と第四条にみいだされる。

「(目的)

第三条　本会は、広く社会からのフィランソロピー(やさしい人間愛)精神に基づく支援によって、保護者等が死亡し又は著しい後遺障害が存する者の子等(以下、遺児という)のうち経済的理由によって修学困難な者等に奨学金等の貸与又は給与を行うとともに、遺児への教育指導と心のケアを行い、もって「暖かい心」、「広い視野」、「行動力」、「国際性」を兼ね備え人類社会に貢献するボランティア精神に富んだ人材を育成することを目的とする。

(事業)

第四条　本会は前項の目的を達成するため、次の事業を行う。

(1) 遺児に対する奨学金及び一時金の貸与又は給与
(2) 遺児に対する教育指導
(3) 遺児及びその家族に対する心のケア
(4) 学生寮及び心のケア施設等の設置並びに維持運営
(5) 遺児の海外留学研修支援及び海外の遺児の日本留学研修支援
(6) 本会の目的の達成を支援するボランティア活動の育成及び助成

(7) 講演会及びシンポジウムの開催、調査並びに研究
(8) その他本会の目的を達成するために必要な事業」

主要な変更点の第一は、あしなが育英会の活動の対象をすべての遺児としたことである。第三条で「保護者等が死亡し又は著しい後遺障害が存する者の子等」＝「遺児」として、親の死亡あるいは後遺障害の原因を特定していない。会則の目的の規定からみるかぎり、交通遺児育英会の活動対象は交通遺児であり、それまでのあしなが育英会の活動対象は災害遺児と病気遺児であった。同会の成立の歴史的経過の説明から知られるように、この災害遺児、病気遺児は交通遺児とは区別される範疇であった。これらにたいして、一九九六年度からのあしなが育英会は、両育英会のそれぞれの活動対象をあわせて対象にするということを、会則レベルで宣言したのであった。それは、交通遺児育英会の発足時に玉井たちが語った全遺児救済の理念へのようやくの到達であった。

主要な変更点の第二は、あしなが育英会の活動の方法に「心のケア」をつけくわえたことである。第三条では、その方法として、(1)経済的理由によって修学困難な遺児には奨学金などの貸与または給与、(2)すべての遺児への教育指導、(3)すべての遺児への心のケア、の三つをあげている。また、第四条では、心のケアの対象を「遺児及びその家族に対する心のケア」として、遺児のみから遺児とその家族に拡大している。これも会則の目的の規定からみるかぎり、交通遺児育英会の活動方法は、経済的理由によって修学困難な交通遺児への「奨学金の貸与等」であり、それまでのあしなが育英会の活動方法は、経済的理由によって修学

困難な災害遺児、病気遺児への「奨学金の貸与及び教育指導」であった。これらにたいして、九六年度からのあしなが育英会は「心のケア」を新しくくわえ、さらに教育と心のケアにかぎっては、その対象を経済的状態を問わず、すべての遺児としたのであった。

これらの変更の含意を二点で指摘しておく。

第一。全遺児を対象とするのは、運動の現状分析に即していえば、教育運動体として機能不全の状態に落ちこんだ交通遺児育英会が長期にわたって更生する見通しが成立しないとみて、あしなが育英会が災害遺児、病気遺児にたいする教育運動にあわせて、交通遺児にたいする教育運動をも引きうけようとすることである。その実態をいえば、あしなが育英会のあしなが学生募金の首都圏における活動家たちの主力の一部は、現在にいたっても心塾の交通遺児奨学生たちである。玉井が塾長の地位を退いて七年、林田が塾頭を辞めて三年たっても、かれらの教育的影響力は塾生の先輩—後輩関係をつうじて継承され、塾生たちのボランティア活動を支えている。また、あしなが育英会の夏のつどいに、交通遺児の元奨学生たちがリーダーとして多数参加している。かれらは、自分たちの精神的故郷は、変質した交通遺児育英会でなく、かつて親しんだスタッフ、同輩がはたらくあしなが育英会であるという。これらの実態に立脚して、あしなが育英会は全遺児の教育を組織目標として明確にかかげるにいたったのであった。

第二。心のケアをつけくわえたのは、運動の歴史的展開に即していえば、あしなが育英会が阪神淡路大震災による震災遺児への支援活動にとりくんだ経験の産物である。また心のケアを必要とする震災遺児はどの経済階層にもみいだされたので、心のケアと教育は経済的状態とかかわりなくすべての遺児を対象とすることになった。さらにいえば、時代のムードをつたえるマジック・タームとして、心のケアあるいは癒しなどの言葉が多用されており、玉井はその流行語をなにほどか意識していたかもしれない。さきにかれの交通遺児観が遺児軟弱説から、遺児は社会から恩をうけ社会に恩返しをする存在であるという見方に推移したといったが、ここで遺児は心に傷を負い、心のケアが必要な存在であるという三番目の遺児観が登場することになった。ただし、かれは、恩返しをする存在であるという遺児観と心のケアを必要とするという遺児観を、たがいに排斥するものとみず、並用している。それにしても、遺児軟弱説と心のケアを必要とする遺児という見方とは、遺児の同一の属性にたいする拒否と受容という正反対の発想のようにみえるが、どうだろうか。

ところで、率直にいえば、あしなが育英会の全遺児救済の理念は、思想として充分に体系化され、精練されているとはいいがたい。玉井は、母親と交通事故によって死別するという原体験をもち、そこから出発して独自性のつよい評論活動をおこない、その仕事に基礎づけられて、交通遺児救済の理念を思想としてかなり説得力のあるものに仕上げていた。それは、日本社会のモータリゼーションを機軸とする高度成長がうんだ犠牲者たちの社会的救済の理想であり、転じてはモータリゼーション批判、成長信仰批判から、現代文明批判にまでおよぶものであった。しかし、かれは、災害遺児救済の理念、病気遺児救済の理念を、かつての交通遺児救済の理念ほどの思想的説得力をもつものに仕上げていない。

あしなが育英会は、震災遺児家庭の調査を二年つづけたあと、一九九七年、ガン遺児家庭の調査を私を主査としておこなった。その調査の中間報告のデータを材料として、あしなが育英会編、副田義也監修『お父さんがいるって嘘ついた――ガン・闘病から死まで 遺族たちの心の叫び』(広済堂出版、一九九七年)が刊行された。そこに収録された多くのケース記録が病気遺児家庭の社会的救済の必要を切実に訴えている。玉井はその書物に「長いあとがきにかえて――愛してくれてありがとう」を寄稿して、愛妻との死別体験をくわしく語っているが、それは愛と死の個人的物語に終始するにとどまり、玉井の母との死別体験のように社会運動を推進する社会思想を産出する体験となっていない。調査スタッフの女性研究者たちのひとりはいったものである。「あの長いあとがきは、詩集にでもして、別に刊行するべきだったと思いますけど」。おそらく、玉井は、才能に恵まれた社会運動家の直感によって、あしなが育英会の運動が、その運動目標において、相対的に貧しい社会階層の遺児たちへの奨学金の貸与から、すべての遺児たちのための教育と心のケアに比重をうつすべきだと洞察しながら、それを思想的・理論的に充分に結晶する方法を見出せないでいるのだろう。

この状況のなかでも、あしなが育英会の運動は展開しつづけている。その多様な側面から、私がみるところ最重要とみられる二点のみをあげておくことにしたい。

その第一は、自死遺児と自死遺児家庭の心のケアへの重点的とりくみである。自死遺児とは両親の一方が自殺して残された遺児であり、自死遺児家庭とは両親の一方が自殺して残された母子家庭、父子家庭である。ただし、少数ではあるが、ひとり親家庭の親が自殺して、残された遺児が孤児になった例もある。一九九九年夏の山中湖のつどいで、私は傍聴させてもらった班の「自分史を語ろう」で、二人の自死遺児の自分史を聞き、つよい衝撃をうけた。一〇月に入ってから、あしなが育英会事務局の小河光治、西田正弘、柳瀬和夫は、私が工夫した推計手法によって、日本では、前年の一九九八年の一年間で自死遺児が一万一七七九人、あたらしく生じたという推計を発表し、ひろい範囲の社会的関心を集めた。かれらは、あわせて、年間に生じる自死遺児数が近年増加しつづけていること、父親たちの自殺の原因では深刻化する不況を反映して経済生活問題、すなわち、事業の不振、倒産、失業などが増加していることを指摘した。私は、二〇〇〇年三月に論文「自死遺児について」(真生会社会福祉研究所『母子研究』第二〇号、のち前掲『死の社会学』に収録)を発表し、九八年現在の日本社会に存在する自死遺児の全数は一二万三四九一人と推計されるとした。また、自死遺児を苦しめる心理的問題として、(1)親から遺棄され、愛情と保護を暴力的に打ち切られた心理的ショック、(2)親の自死のシグナルを感知しつつ、その自死を防止することができなかった自責感、罪悪感、(3)自死は忌まわしい死、恥ずかしい死であるという通念によって生じる恥しさの心理、(4)残されたもうひとりの親も死ぬのではないか、自分も自死する運命にあるのではないかという恐怖感があると指摘した。

小河たちは、四月に入って、自死遺児文集編集委員会・あしなが育英会編、『自殺って言えない――自死で遺された子ども、妻の文集』を刊行した。一一人の自死遺児と六人の自死遺児家庭の母親が、それぞれに父親あるいは母親の自死による死別体験をつづっている。さきに言及した四つの類型の苦悩がなまなましく述べられ、自死の現場の目撃体験の凄惨さはそれによる心の傷の深さをつよく印象づける。この文集の刊行と内容を紹介するプレス発表には、在京の全新聞社、全放送局の記者たちが出席した。その席で、玉井は、自死遺児をはじめとするすべての遺児のための心のケアと教育の施設として、東京レインボー・ハウスを二年以内に建設すると発表した。前年の秋、九八年における自死遺児の出現数の推計を発表してから、この問題についての報道例が増えていたが、それは、この文集の刊行によって目立って加速されることになった。これを読みたいので送ってほしいという、あしなが育英会あての申込みは、プレス発表後一ケ月で八〇〇〇件を超えている。

その第二は、遺児と遺児家庭にたいする物心両面での支援の国際的なひろがりである。虹の家の構想のヒントがアメリカ合衆国のダギー・センターにあったこと、玉井がスタッフをつれて同センターで見学・研修をおこなわせたことはさきに述べた。その後、かれは、同センターの所長やカウンセラーを招いて、虹の家の職員やファシリテーターに連続講義をおこなわせている。しかし、玉井としては、あしなが育英会にはつどいの自分史語りなど独自に開発してきた心のケアの技法があるので、ダギー・センターが虹の家に一方的に教える関係はありえないとして、あしなが育英会と同センターが対等の立場にたった業務協力協定を締結している。

一九九八年は、コロンビア、トルコ、台湾と各国で大震災がつづき、震災で親と死別した子どもたちが多数生じた。(これらの国々には遺児という概念がないので、まず、このように言っておく。）玉井は、その都度、それぞれの国の震災遺児の救済をめざす募金活動を日本の主要都市であしなが育英会の職員たちと奨学生のボランティアたちにおこなわせ、かれらから選抜された若者たちを使節団として寄付を相手国の政府にとどけさせ、あわせて心のケアの必要を説かせている。この働きかけによって、台湾では台中県豊原市に神戸の虹の家をモデルにした「彩虹屋」が二〇〇〇年四月に完成、開所した。あしなが育英会と「彩虹屋」の経営主体である中華児童暨家庭扶助基金会は「活動協力に関する宣言文」を出し、七月には「彩虹屋」のスタッフ三〇人が虹の家で技術指導をうけた。また、あしなが育英会とトルコのコジャエリ大学財団のあいだでも、震災遺児の心のケアにかんする業務提携が結ばれている。さらに、コロンビア、トルコ、台湾の震災で親と死別した子どもたちが、八月に虹の家が主催する震災遺児たちのつどいに参加している。

遺児と遺児家庭の物心両面での支援の国際的なひろがりは震災遺児にかぎられたことではないと、玉井は考えている。玉井が交通遺児育英会で専務理事であったころ、宇井純が、同会は東アジア諸国の交通遺児の支援に積極的にとりくむべきだと主張していたのは、すでに紹介した。最近では玉井は、コソボ、ルワンダなどの内戦地帯に内戦による多数の遺児がうまれているはずだといい、その救済活動の可能性を、現地に樋口和広を送って歩かせ、調査させている。さらには、アフリカ諸国にはエイズによる遺児が百万単位でいるはずで、その救済活動も考えたいという。それに備えてか、あしなが育英会の優秀な中堅職員がこのところ、NPO、ボランティア活動、カウンセリングなどの学習のため、あいついで、アメリカ各地の大学院に留学している。この社会運動家の想像力は、ついに地球規模ではばたきはじめたようである。しかし言葉の違い、宗教の違い、文化の違いを、あしなが運動はどうやって乗り越えてゆくのか。私としては、それは非常に困難だと思うが、まったく不可能だと断定する気持にもならない。私は、ひとりの社会学研究者として、その運動の世界社会におけるこれからの展開をも、なるべく正確にみとどけ、理解することに努めたい。

XIV　社会運動の社会学への示唆

現代日本の社会学には社会運動論という分野がある。社会学のなかでその分野の位置づけ、その分野の主要な研究動向の紹介などは、ほかの文献にゆずる。* ここでは、前章までのわれわれの仕事は、その社会運動論の実証研究の一例とみなすことができるというところからはじめたい。自らの寡聞による誤りを恐れずにいえば、その種の実証研究のうちでも、ひとりの社会運動家とかれが指導した社会運動を、これほどくわしく論じた例はかつてなかった。この達成は、同時代の社会運動の社会学にたいして、多くの示唆を提供することができる。ただし、それをゆきとどいた形式で述べるのは、この章に予定されている紙幅の数倍を必要とするであろう。ここでは、それらから主要な三点のみをとりあげ、かいつまんで述べるにとどめたい。

＊（内外の社会学における社会運動研究の歴史と現状については、つぎの文献がくわしい。片桐新自『社会運動の中範囲理論――資源動員論からの展開』東京大学出版会、一九九五年、とくに1章、2章、3章）。

1　社会運動家への注目

社会学の専門研究者ではないけれども社会運動に関心をよせる教養人の読者には、思いがけない事実であろうが、現代日本の社会運動の社会学では、社会運動家という概念が一般的にはつかわれていない。二、三の実例をあげるところからはじめよう。

現在、刊行されている社会学辞典でもっとも大部で収録語数が多いものは、編集代表・森岡清美、塩原勉、本間康平『新社会学辞典』(有斐閣、一九九三年)である。総ページ数は一七二六ページ、総項目は約六〇〇〇。「項目採用の基準としては、まず、ほぼ一五〇年の歴史をもつ社会学がこれまで蓄積してきた用語のなかで、現在なお生きているものはすべて採用した」といわれている。また、心理学など隣接諸科学の用語のなかで、現代の社会学でもちいられているものも採用したともいわれている。この辞典のなかに、「社会運動」は独立項目として採用され、事項索引によれば、ほかに他項目の解説文中で二一回登場している。また「新しい社会運動」も独立項目として採用され、他項目の解説文中で一一回登場している。これにたいして「社会運動家」は独立項目として採用されておらず、事項索引でもひろわれていないので、他項目の解説文中の登場頻度もたしかめようがない。要するに、この辞典では、社会運動家という言葉は、現代社会学の用語ではないとされているのである。

社会学の社会運動論のうち定評がある文献のばあいはどうだろうか。同世代の社会学者の著作としては、塩原の『組織と運動の理論』(新曜社、一九七六年)を例としてみよう。このなかでも、私が見るかぎり、「社会運動家」の用例はない。私ならばその言葉をつかうと思われるところで塩原がつかうのは、たとえば、「指導者」(前掲書、三三八ページ)や「リーダーシップ」(同、三四四ページ)である。そうして、かれは、それらについてはきわめてわずかしか論じていない。つまり、私の言葉でいいなおせば、塩原の社会運動論においては、一般的には、社会運動家は些細な関心事でしかないようである。ただし、例外として、前掲書の「16章　膨脹期の宗教運動における思考様式と組織原理」では、創価学会の牧口常三郎、戸田城聖、池田大作という三代の指導者の思想にかんするくわしい論議があることには留意しておきたい。

次世代の社会学者の著作としては、片桐の前掲の著作を例としたい。この著作でも、私がみたかぎり、「専門化したフルタイムの運動家」(前掲書、一八ページ)という例外的用例をのぞくと、「社会運動家」の用例はない。私ならばその言葉をつかうと思われるところで、片桐がつかうのは「指導者」(同、二九ページ、八一ページなど)と「指導者集団」(同、八二ページ)などであり、かれ自身の主張する見解によれば、運動組織の成員は、指導者集団―活動家―支持者―賛同者に四区分される。ただし、片桐も、指導者および指導者集団について多くを論じていない。その主内容はつぎの二点である。(1)運動の初期段階ではカリスマ的指導者が必要とされるが、運動が組織的に安定し、長期にわたって存在するようになると、より実務家的な指導者が必要とされるというE・ホッファーの命題が紹介されている。(2)かれがいう指導者集団は、J・D・マッカーシーなどが言う専従幹部と専従スタッフをあわせたものであるが、かれ自身はその幹部とスタッフの区分は運動組織では明確でないことが多いとみている。また、マッカーシーたちは、「専従」(professional)という言葉に「給料を受け取る」という意味あいをこめているが、それはかれの指導者集団では不可欠の属性とされない。

このような同時代の社会学の状況のなかで、私は、社会運動家という概念を重用して、本書を執筆した。そのかぎりでは、本書の方法は反時代的であるというほかはない。ただし、前章までをお読みいただいた読者は、玉井義臣という社会運動家とかれが指導した交通遺児育英会およびあしなが育英会の社会運動が時代の刻印をまぎれもなく受けていること、かれとその運動を論じるにあたって社会運動家という概念は不可欠の重要な道具であったことを納得してくださるであろう。私は、もっとも時代的な主題にとりくむために、きわめて反時代的な方法をとらざるをえなかったのである。ただし、ここまでのところ、私は、社会運動家の概念をことさら定義してこなかった。読者がその言葉によみとる意味をおおまかに想定して、それを当てにして叙述を進めてきた。

そこで問題は二つある。すなわち、(1)同時代の社会学者たちは、社会運動を論じるにあたって、なぜ、指導者やリーダーシップの概念をつかって、社会運動家の概念をつかわないのか。また、なぜ、指導者やリーダーシップをわずかしか論じないのか。(2)私は、本書を執筆するにあたって、社会運動家という概念に執着したのだが、そこにどのような意味を読者が読みとるであろうと期待したのか。その意味はなぜ指導者などの概念に盛れないのか。第一の問いにゆきとどいた回答をおこなうのは、別の機会の仕事としたい。いまは、その回答のために、つぎの覚え書きをするにとどめる。ひとつには、欧米の社会運動論の影響があるのではないか。ヨーロッパ育ちの「新しい社会運動」論とアメリカ育ちの資源動員論は多くの対照的性格をもつが、指導者よりは運動に参加する民衆やかれらの組織に関心をよせる点では共通している。いまひとつには、わが同僚たちが研究素材とした社会運動の影響があるのではないか。その多くが比較的短い時間域で展開した小規模な市民運動であり、そこには大型の社会運動家はいなかったし、いる必要もなかった。

第二の問いへの回答により多くの紙幅をつかいたい。結局は前章までの仕事の意味を再確認することになるのだが、私は、玉井やかれの部下たちの働きかた、生きかたをみて、かれらを指導者と呼ぶより、社会運動家と呼ぶほうが適切であると思った。かれらも、かれら自身を社会運動家と自己規定していた。私は、その言葉に、有給の専門職業人であって、運動の戦略、戦術を決定する能力、社会的洞察力や運動の参加者を惹きつける人格的魅力、人格のスケールの大きさ、深さをもつ者などの意味を託した。現代の社会学、心理学などのパーソナリティの理論には、これらの能力、魅力にたいする学問的関心が皆無にちかい。G・W・オルポートがつくったパーソナリティの古典的定義を考えてみても、それは特性、態度、習慣的反応などを下位概念とするものであり、乱暴に要約すれば行為の諸傾向の集合とでもいうべきものである(G・W・オルポート、詫摩武俊ほか訳『パーソナリティ』誠信書房、一九八二年、二二一、二五〇―二五五ページ)。このような理論を基礎にすれば、指導者にかんしても、多くのばあい、精々、K・レヴィンがかつておこなったように、民主的指導者と専制的指導者というような常識的分類にとどまらざるをえまい(K・レヴィン、猪股佐登留訳『社会科学における場の理論』誠信書房、一九五八年、二〇六―二一〇ページ)。

私は、すぐれた社会運動家がもつ前述の能力や魅力を一元的・学問的に表現することができないのは、社会学、心理学などにおいて民主主義的人間観の民衆志向、平等志向のしばりが強すぎるからではないかとも、考えた。そうしてやや古風な日常用語である、人物の「器量」という言葉が私が求めているものに比較的ふさわしい表現のように思った。その結果、本文中で器量、器量人という言葉が多用されている。また、玉井の人格的魅力については、カリスマ性、父性、遺児性などと分析的な説明も試みてみた。

なお、玉井やかれの部下たちが、かれら自身を社会運動家と規定し、指導者などと自称しないのは、考えてみれば当然のことである。社会運動家という言葉には、運動に使命感をもって没入する態度が感じられるが、指導者という言葉には、それは感じられず、追従者＝被指導者に一定の行為を教示するという印象がつよい。はなはだしいばあい、スポーツの指導者といえば、競技の第一線を退いたコーチ役のことである。この点では、日本語の指導者と英語の leader では語感にいくらかのズレがあるのではないか。leader には先頭にたって人びとを導くという意味がこめられているが、指導者にはその意味がないか、あってもわずかである。社会運動の社会学では、leader を指導者とやや無雑作に訳してしまったのではないか(玉井が有望な若者を運動にさそうときに「いっしょに(運動を)やろう」というのを常としたことの意味を深く考えたい)。また、玉井やかれの部下たちにとって、社会運動家とは、その完成形態では、かれら自身がそうであるように、有給の専門職を意味している。指導者という概念には、有給か無給か、プロフェッションかアマチュアかを曖昧にしているところがあり、これも、かれらがこの概念を自らにたいしてつかわないひとつの理由になっていよう。

私が社会運動家たちにかんしておこなった論議から、三つの論点をとりあげ、理論的一般化や論議の発展の見込みなどを覚え書きしておく。

第一。社会運動家の器量が成立する過程の必要条件は、玉井のばあい、母親の交通事故死をふくむ個人的体験と高度成長期のモータリゼーションを機軸にした時代の本質の出会い、それに基礎づけられた交通評論家としての学習と制度改革への発言である。約言すれば、体験と時代の出会いにもとづく学習。その過程の十分条件は、かれの個性を形成した条件群の全体であるから、それらをリスト・アップすることはできない。かれの部下である運動家たちのばあいでも、運動参加者としての遺児奨学生たち、「あしながさん」たちのばあいでも、さきの三者の連関はみいだされる。そのような行為主体の集合的行為として、われわれは、交通遺児育英会、あしなが育英会の社会運動をとらえてきたのであった。

第二。私は、運動組織における社会運動家のナンバー・ワンとナンバー・ツーの役割関係にふれ、それぞれが必要とする才能・資質に違いがあること、組織やナンバー・ワンにとって良いナンバー・ツーと悪いナンバー・ツーの区分などを論じた。論議の具体的内容を一々くり返さないが、これは、大規模な運動組織の論議では最重要のトピックスのひとつである。二〇世紀の社会運動史の著名な例でいえば、中国共産主義革命運動における毛沢東と周恩来、キューバ共産主義革命におけるフィデル・カストロとチェ・ゲバラ。これらの壮大な歴史的事例に対比すれば、私の論議の素材はきわめて可憐なものであるが、それでも、ナンバー・ワンvsナンバー・ツーの問題を提示している。

第三。私は、玉井とかれの部下たちの関係にふれて、戦略を設定する社会運動家と戦術を駆使する社会運動家を区別し、前者に誤りがあっても、後者はそれを批判・訂正することができない事態があったとした。ここまでは事実の叙述である。そのさきにあって考えなければならない課題は、戦略を担当する社会運動家と戦術を担当する社会運動家はどこでわかれるのかということである。この問いへの答えをさがすにあたって、軍隊組織における将軍と将校の育成にアナロジーをもとめることはつよい誘惑を感じさせる。下士官と兵卒を指揮する隊付き将校、司令部で働く参謀将校は、軍の学校の教育などをつうじて養成される。しかし、一軍を率いる将軍、将の将たる存在は、そのための天与の資質と能力をもつ者を軍人のなかから発見して、その成長をまつしかない。なお、この戦略担当の社会運動家と戦術担当の社会運動家の区分が必要であるとする立場に立てば、専従幹部と専従スタッフの区分が運動組織では明確でないという片桐の主張には首をかしげる。

本書における私の仕事は、すくなくともある種の社会運動を理解するさいには、それを第一義的に社会運動家たちが主導する集合的行為としてとらえなければならないということを示唆している。同時代の社会学における社会運動論では社会運動家論はかぎりなく不在にちかい。そのような理論枠組ではとらえきれない社会運動がある。社会運動の全体に適用される枠組をつくろうとすれば、社会運動家という存在にあらためて注目するべきである。

2　制度の創出とライフ・スタイルの創出

すでにわずかにふれたように、現代社会学における社会運動論の代表的なものは、アメリカ育ちの資源動員論とヨーロッパ育ちの「新しい社会運動」論である。前者の説明の素材としては、アメリカの公民権運動が、後者のそれとしては、ヨーロッパの環境運動がよくつかわれる。しかし、両者の研究対象は共通しているものが多く、六〇年代後半以降では環境運動、女性運動、平和運動、それにのちに力を失う学生運動の四つがある。それらは一九世紀以来、マルクス主義理論が重視してきた労働運動にたいして、非労働運動と一括され、市民運動ととらえなおしてもよい。長谷川公一はかつて、これら二つの理論のそれぞれの全体を紹介し、その統合の必要を主張した(長谷川「資源動員論と『新しい社会運動』論」社会運動論研究会編『社会運動論の統合をめざして』成文堂、一九九〇年、三—二八ページ)。その仕事に関心をもつ読者は上記の文献に直接あたられたい。私は、その仕事において、長谷川が指摘した、比較的な傾向性において、アメリカの社会運動は社会制度の改革を志向し、ヨーロッパの社会運動は成員のライフ・スタイルの変革を志向するという対照に注目する。かれは、この対照を、社会運動のもつ利害志向性と価値志向性、手段性と表出性、社会変革志向性と自己変革志向性などにおきかえた。

長谷川の指摘にヒントをえて、市民運動の二つの目標は制度の創出とライフ・スタイルの創出であるといおう。玉井義臣が主導してきた交通遺児育英会とあしなが育英会の社会運動の成果も、この分析枠組で整理することができる。論議をわかりやすくするために、運動において創出がめざされた制度とライフ・スタイルを網羅的にあげるのは避けて、やや恣意的な選択になるかもしれないが、主要なもの九つに限定してリスト・アップしてみよう。その創出に失敗したケースは、事項のあとに(失敗)をつける。

〈制度〉

1 交通遺児の奨学金制度
2 交通遺児の授業料減免制度
3 自賠責保険の限度額の引き上げ
4 母子家庭の母親の雇用促進法(失敗)
5 自損事故保険制度
6 心塾
7 「あしながおじさん」・「あしながさん」制度
8 災害遺児・病気遺児の奨学金制度
9 虹の家

〈ライフ・スタイル〉

1 遺児軟弱説により勧められたライフ・スタイル(どちらかといえば失敗)
2 学生募金活動

3　ゆっくり歩こう運動(失敗)
4　心塾生のライフ・スタイル
5　「あしながおじさん」・「あしながさん」運動
6　恩返し運動
7　調査活動
8　自分史を語ろう
9　いやしとグリーフ・ワーク

この二とおりのリスト・アップをしてまず気付かれるのは、いくつかのばあい、ある制度を創出すれば、それに見合うライフ・スタイルが創出されるということである。リストのなかのわかりやすい例でいえば、心塾という遺児大学奨学生たちのための学生寮制度をつくれば、心塾生たちのライフ・スタイルがうまれる。また、「あしながおじさん」制度をつくれば、「あしながおじさん」運動というライフ・スタイルがうまれる。さらにいえば、虹の家という制度をつくれば、いやしとグリーフ・ワークのライフ・スタイルがうまれるなど。

制度のリストについてコメントをくわえる。九つの制度は、第一義的利用者が遺児および遺児家庭であるもの＝1、2、6、8、9と、かならずしもそうでないもの＝3、4、5、7にわかれる。後者のなかでは、4は母子家庭一般が、3、5、7は国民一般が利用することができるものである。この利用、利用者といわれているものは、運動からの受益、受益者と運動にたいする参加、参加者に二分される。それによれば、7をのぞく八つの制度は第一義的には受益・受益者のための制度であり、7のみが参加・参加者のための制度である。また、遺児と遺児家庭は、九つの制度すべてで最終的には受益者となるが、その受益の具体的内容は、1、2、3、4、5、7、8が所得保障あるいはその代替であり、6、9が教育保障、心のケアの保障である。なお、リスト中の交通遺児の奨学金制度の創出は交通遺児育英会の設立と、災害遺児、病気遺児の奨学金制度の創出はあしなが育英会の設立とひろげてとらえなおすことができる。

これらの制度の創設のうち、1、2、4、8は、政治的葛藤をともなった。なかでも、4では交通遺児育英会が労働省とはげしく抗争したが敗北し、8では同会と災害遺児の高校進学をすすめる会が総務庁、文部省、自民党および日本船舶振興会と長期にわたって抗争し、勝負そのものは痛み分けにおさまったが、それが玉井が同会から追放される一因となったのは、先行する各章でくわしく述べたとおりである。玉井と交通遺児育英会は、特定の政治体制を理想としてかかげその実現のために社会変革をめざす政治運動とは、無縁の存在であった。かれのかつての部下たち、教え子たちで国会議員、地方議員になった者は、自民党、民主党、社民党に散らばっている。しかし、玉井と交通遺児育英会は特定の制度の創設という政治的イッシューをめぐっては、時の権力とのきびしい抗争を辞さなかったし、その抗争がかれらの運動史の展開の大きな要因となっている。

ライフ・スタイルのリストについてもコメントをくわえる。九つのライフ・スタイルは、生活行為の主体が遺児および遺児家庭であるもの＝1、2、4、6、7、8、9と、かならずしもそうでないもの＝3、5にわかれる。前者のうち、2、6、7では、遺児が運動への参加者となる。後者は、国民一般からの参加者のライフ・スタイルである。なお、九つのライフ・スタイルの創出は、すべて広義の教育活動とみなせる。

これらのライフ・スタイルの創出のうち、3の失敗の原因として、玉井は、当時の不況の深刻化にあわせて、自動車メーカーが広告を出すことをつうじてマス・メディアを牽制し、それによって、ゆっくり歩こう運動への好意的報道が抑制されたことをあげていた。この前段には、運動初年度における玉井と日本自動車工業会の欠陥車問題キャンペーンおよび一〇億円の寄付をめぐる対立があった。また、1と4では、めざされたライフ・スタイルの創出にたいして、制度上の第一の受益者である交通遺児が抵抗したという事実が興味深い。寡聞による誤りを恐れずにいえば、このような事実は、これまでの社会運動の実証研究では報告されていない。1は、一定程度の成功をおさめ、遺児エリートの育成には貢献したが、のちに玉井たちが意識的にとりさげたので、どちらかといえば失敗と判定した。4は、遺児たちの抵抗を押し切って、玉井たちが理想視したライフ・スタイルが創出された。

制度の創出とライフ・スタイルの創出の両面から、交通遺児育英会の運動を四半世紀ちかくにわたって観察すれば、つぎのようにいえる。同会は、交通遺児のための奨学金制度などをつうじての進学機会の保障、つどいなどをつうじての教育機会の保障では、一貫して成功し、進歩もしてきた。しかし、その活動の範囲の外部にまで運動を拡大して、新しいライフ・スタイルや新しい制度を創出しようとすると、自動車メーカーや政府各省庁と抗争しなければならず、押し返されて、従来の活動の範囲に封じこまれるのであった。その代表例が、ゆっくり歩こう運動、母子家庭の雇用促進法の制定運動の失敗である。これらにたいして「あしながおじさん」の制度とライフ・スタイルの創出は、運動の拡大の例外的成功であった。しかし、「あしながおじさん」への恩返し運動という新しいライフ・スタイルが災害遺児の奨学金制度という新しい制度の創出をめざしたとき、同会は政府、自民党と後戻りのしようがない対決関係に入らざるをえなかった。その悲劇的結末はすでに述べたとおりである。

しかし、この運動の展開過程をより中立的観点からみればつぎのようにもいえる。玉井義臣が主導する社会運動の組織名が、一九六九年に発足したものは交通遺児育英会であったのに、約四半世紀のちの九三年に発足したものはあしなが育英会であるというところには、それぞれの運動が大衆に向かっておこなう印象操作における強調点の変化が象徴的にあらわれている。交通遺児育英会は、交通遺児という運動の受益者を強調したネーミングである。あしなが育英会は、「あしながさん」という運動の参加者を強調したネーミングである。四半世紀たらずのあいだに、日本社会において、死別遺児救済の社会運動は、第一義的には、社会問題を解消する受益者本位を訴えるものから、自己実現を志向する参加者本位を訴えるものに変化したのである。その背後には、救済の制度から参加のライフ・スタイルへの比重の推移が透視される。玉井は、七九年に交通遺児育英会に「あしながおじさん」制度を創設して、決定的な成功をおさめ、この社会運動の歴史的変化の最初の徴候に直面したのであった。以後、あしなが育英会の発足にいたるまでのかれの悪戦苦闘は、かれが新しい社会運動を主導する社会運動家としての自己を確立するための試行錯誤の過程であったということもできるのである。

3　社会運動のライフ・サイクル

社会学にライフ・サイクルという概念がある。それは、人間がひとつの世代で完結する一生の漸次的な変化のなかにみいだされる規則的な変化である。ひとりの人間の一生は、生物学的な加齢によって基本的に規定されるとともに、年齢に結びついた役割と出来事、および歴史的事件によって造型される。出生、成長、成熟、老衰、死亡の過程に制約された規則的な推移は、一組のライフ・ステージとして把握されることもある。わかりやすいライフ・ステージの一例として、乳児期、幼児期、少年期、青年期、壮年期、中年期、老年期などがある。なお、対象の一生をとらえようとするライフ・サイクル、ライフ・ステージという概念は、生命をもっておらず、生活をいとなんでいる訳でもない対象に拡大されて、宗教教団のライフ・サイクルだとか、商品のライフ・サイクルなどが論じられた例がある（森岡清美「ライフサイクル」前掲『新社会学辞典』一四五七ページ）。

交通遺児育英会とあしなが育英会の社会運動の展開過程をみてくると、社会運動あるいはその運動の担い手としての運動組織にもライフ・サイクルがあり、それは社会運動の社会学の重要なトピックスのひとつであると思われる。しかし、同時代の社会学者たちの社会運動論のなかには、その事項への言及例はほとんどない。わずかに、塩原が前掲の著作で、資源動員論の前身である集合行動論の社会運動論を論じて、そこでは、(1)「運動のライフ・サイクル」と「制度化のライフ・サイクル」がかさねあわされて、ながめられている、(2)「運動のライフ・サイクル」は「進化主義的ナチュラル・ヒストリー観」によって理解されている、と指摘した例がある(前掲書、二三五、二四一ページ)。(1)は、社会不安にもとづく社会運動はその不安を解消する社会制度を創出するので、運動が展開する時間域と制度が形成されるそれが等しいとみられているということか。塩原はこれについては、運動が出会うはずの敵対者が無視されているのが現実に反すると批判している。(2)は、社会運動が低次元のものから高次元のものに自然成長的に進化し、それが社会の進歩につながるという考えかたである。たとえば、「世直し」の暴動が組織的階級運動に進化する。塩原はこれについても、特定の形態の運動を誘発する場は、他の形態の運動の出現や発達を阻害するので、その進化はありえないという。また、運動がもたらした制度化の過程自体が新しい社会不安をひきおこすことを見逃しているという批判もしている。

われわれが考える社会運動のライフ・サイクルは、塩原によって言及されたものとは異なる。冒頭にいった人間の一生に共通する出来事、出生、成長、成熟、老衰、死亡、あるいは、乳児期にはじまり老年期におわる一連のライフ・ステージの類似物が、社会運動あるいは社会運動組織の歴史的過程にもみいだされるのではないか。一九六九年にはじまり現在にいたる交通遺児育英会の歴史で考えてみよう。

(1) 誕生=一九六九年の同会の創立である。誕生にいたるまでの前史として、六七年、六八年の二年間にわたる交通事故遺児を励ます会の活動がある。

(2) 成長期＝一九六九年から心塾が完成した七八年までの一〇年間である。この期間を成長期とみるなによりもの根拠は、この期間をつうじて奨学生数が一度の小さい例外をのぞいて対前年で増加をつづけたという事実にある。同会の事業の基幹部分は奨学金の貸与事業であったが、その事業にたいする社会的ニーズが増大をつづけ、それを原動力として同会は成長していった。また、二番目に重要な事業である奨学生教育もこの間に発展をつづけ、理想の教育の拠点である心塾を建設するにいたった。奨学生の質もこの時期でもっとも高かった。

(3) 成熟期＝一九七九年から八八年までの一〇年間とみたい。その期間、奨学生数は一度の例外をのぞいて五〇〇〇人台で推移し、会財政は「あしながおじさん」制度の成功によって潤沢であり、安定していた。奨学生教育は、心塾生を中核とする運動エリート集団が推進する社会への恩返し運動によって独自の成熟ぶりに到達し、災害遺児育英制度の設立をめざすことになった。ただし、財政分析をしてみると、八六、七年ごろには可能性レベルでは黒字倒産していたという思いがけない判断にゆきつく。成熟期のさいごの三年では体調不良の兆候がはじまっていた。増えつづける黒字や基本財産、合計財産は、上昇する血糖値、増加する体脂肪や体重のようなものであった。

(4) 老衰期＝一九八九年以降。この年からは、奨学生数が一度の例外もなく、対前年で減少をつづけることになる。同会の奨学金貸与事業への社会的ニーズは減少の一途をたどるのである。この老衰期をいつまでとみるか。二つの見方があろう。ひとつは、九三年、玉井が同会の専務理事を辞任するまでとみる。それまでは、奨学生数は減少をつづけても、つどい、心塾などによる奨学生教育は高水準を維持していた。この見方によれば、九四年以降の同会は死亡状態にある。いまひとつは、ともかく同会は存立し、奨学金の貸付と返還の業務をおこなっているのであるから、老衰期は現在までつづいているとみる。

しかし、いずれの見方をとるにせよ、交通遺児育英会の社会運動の老衰期がもつ基本的特徴は、奨学生数のたえざる減少である。その主要原因は、交通事故による成人の死者数の減少、少子化の進行、自動車事故損害補償制度の水準の向上という、長期にわたる三つの傾向であるとすでに言った。これらのうち、第一のものはいくらか、第三のものはおおいに、交通遺児育英会の運動の成果である。その運動は自らが老化する原因の一部をつくりだしてきたのである。

一般化していえば、社会問題の解決や予防をめざす社会運動は、その課題の遂行に成功する程度におうじて、自らの社会的必要の程度を低下させてゆく。問題が完全に根絶されてしまえば、その解決・予防にとりくんできた運動は社会的に不要となる。そのような状態がちかづいてくるとき、社会運動の主体、それは運動に従事してきた個人でも組織でもよいが、その主体には二つの基本的選択肢がある。すなわち、新しい問題を発見・措定して運動を再生させるか、そのような手だてを講じないで運動を衰弱させて終結にみちびくか。

この一般的な判断枠組によって言えば、玉井が、一九八三年以降におこなった交通遺児育英会の内部に新しく災害遺児育英制度を設けようとした運動と一九九三年におこなった交通遺児育英会とあしなが育英会を合併させようとした運動は、運動の再生路線として、つぎの三つの理由によって肯定されるべきである。(1)交通遺児育英会という基本的に民衆の自助によって特徴づけられる独自の体質をもつ運動団体が、社会運動のライフ・サイクルの制約を超えて再生することに、社会的意義があるから。日本社会はボランティア運動、NGO運動を重視する段階に入っているが、その段階において交通遺児育英会が発展しつづけることには主導的意味があった。(2)交通遺児育英会に集まってきて献身的にはたらいている若い運動家たちに、将来にわたって、仕事と生活の機会を保障することができるから。かれらの大多数は学生時代から運動のなかで訓練されてきた人材であったが、かれらに自己実現の機会をあたえることは、かれら自身にも、社会にも有意義なことであった。(3)交通遺児育英会の社会運動は、それに参加する学生・生徒たちに社会参加、他者への奉仕、他者への愛を体験させる機会であったから。くわしくは言わないが、現代日本の青年文化は肥大化した自己愛によって特徴づけられ、その病理的結果はしばしば自分の内部へのひきこもりと、他者への反社会的な攻撃である。そのような青年文化に対抗する試みとして、同会の運動は評価されるべきであった。

とくに一九八三年からはじまった第一の運動は、交通遺児育英会が社会運動のライフ・サイクルにおいて成熟期の只中にあったとき、玉井がその成熟期の終りから老年期の到来までを見通して、運動の再生の条件を準備しようとしたものであり、社会運動家としてのかれのすぐれた先見性、洞察力を証明している。これは惜しむらくは、国庫助成に固執するというかれの判断ミスによって、みのらなかった。そのミスにたいする批判はすでに述べたとおりであるが、それは、かれの先見性そのものを否定するものではない。また、一九九三年の第二の運動も、交通遺児育英会が運動体として再生するということだけにかぎっていえば、正しい。ただし、これは組織運営者としての玉井の非力さによって目的を達成しなかったし、それが不成功におわったことが、かれが、あしなが育英会を拠点とする社会運動家として復活する条件となった。したがって、結果論としていえば、この不成功をよしとする見方もありうるが、それはさきの運動の基本的方向の正しさを否定するものではない。

なお、公平さを欠かないためにいえば、ひとつの社会運動がそのめざした社会問題の解決に成功してから、運動の終結を自ら選択するということは一概に否定されるべきではあるまい。その社会問題と類似する、あるいは関連が深い社会問題がみあたらない、また／あるいは、運動を担った組織や諸個人がその終結に同意しているという条件があるとき、運動の終結はむしろ望ましい選択である。

金木正夫がアメリカに留学する直前、私と雑談をしていて、「あしなが育英会の寄付行為に、二五年後には会を解散するとか、目的を達成したら会を解散するとかいう規約を入れておくのはどうでしょうかね」といったことがある。そのとき、かれの念頭にあったのは、社会運動のライフ・サイクル上では老年期末期にある交通遺児育英会が、巨大な資産をもち天下りの元高級官僚たちやその取り巻きに支配されているいたましさであったことは確かである。運動の終結の条件と方法が明確に規定されていれば、そのような惨状は避けられるのではないか。それから、金木はつづけた。「しかし、この会で献身的にはたらいている人びとの立場を考えたら、そういう規約をつくる訳にはゆきませんね」——「そうだね」と私は応じた。社会運動を長期的、本格的に展開しようとすれば、優秀なプロフェッションとしての社会運動家たちが必要である。かれらにはたらいてもらう以上、運動組織になるべく永続性を保障する必要があるだろうと、私たちは話し合った。

あとがき

1

本文で言及された最後の時期は、あつかわれたトピックスによってまちまちであるが、もっともおそくて、一九九九年か二〇〇〇年かであった。その後の玉井義臣とあしなが育英会の社会運動の展開について、くわしい記述はほかの機会にゆずるしかないが、目につきやすい話題を三つだけ紹介する。

第一。天皇、皇后両陛下の虹の家(レインボー・ハウス)訪問。

二〇〇一年四月二四日、阪神大震災の復興状況を視察するために兵庫県を訪問中の天皇、皇后両陛下が、あしなが育英会の虹の家を訪問された。育英会側は、会長の玉井義臣と館長代理・八木俊介以下のスタッフがお迎えした。二階の「癒しのゾーン」では、震災遺児一六人とボランティアら七人が不断と同じように、地震ごっこ、お葬式ごっこ、質問カードなどの心のケア・プログラムをおこなっていたが、子どもたちの自然の姿を見ていただくために、カメラマンもいれず、お付きの方も二人だけにして両陛下にお入りいただいた。「火山の室」など狭い室では、子どもが遊んでいるところに、先導役の八木をともなって両陛下だけが入られた。火山の室で皇后は、サンドバッグによじ登った遺児に「回していい？　もっと回していい？」と呼びかけながら、バッグを回して遊び相手をつとめられた。

一階のレインボー・ホールでは、七〇人余の震災遺児たち、ひとり親など保護者たち、ボランティアたちが、両陛下をお迎えした。全員で「友だちになるために」を合唱。合唱後、両陛下は遺児たち、保護者たちのひとりひとりに、レインボー・ハウスでの活動やいやしについて質問をされ、励まし、慰めの言葉をかけられた。両陛下の訪問時間は一時間八分、そのなかに一〇分間の休憩が予定されていたが、両陛下は遺児たちとの交流につよい関心を示され、休憩はとりやめとなり、一一分延長しての一時間一九分の訪問となった。この延長は異例のことであるという。お見送りのさい、皇后が八木にいわれた。「今日は胸がいっぱいになって、言葉がうまく出なくてごめんなさい。これからも子どもたちをよろしくお願いします」。八木はお答えした。「はい、震災遺児といっしょに、一所懸命生きてまいります」。

第二。阪神タイガースの全選手のヘルメットにあしなが育英会のステッカー。

阪神タイガースは、二〇〇二年の全試合、ヘルメットにあしなが育英会というステッカーをはり、戦った。黒いヘルメットの側面に白い文字であしなが育英会とかかれている。テレビ中継で阪神の打者が打席に入るたびに、画面にその文字があざやかであった。これは二〇〇二年から就任した星野仙一監督の発案に、球団フロントと全選手が賛成したものである。星野は遺児たちにいう。「ぼくも生まれるまえに父を亡くし、母、姉とがんばってきた。とにかく負けるな。みんなも夢をもって、勇気を出して、まえに進もう」。あわせて阪神タイガースの選手たちは甲子園球場のなかであしなが育英会のために募金をおこない、球団も独自の口座をつくってあしなが募金をし、ホーム・ページであしなが育英会を紹介している。これはプロ野球界ではじめての球団をあげてのボランティア活動、社会貢献となった。

あしなが育英会事務局長・林田吉司はつぎのように語っている。いままでいろいろキャンペーンをはってきたが、今回の阪神タイガースのヘルメットのステッカーほど、あしなが育英会の名前を全国に一気にひろめたものはない。春から夏にかけて、あしなが育英会のホーム・ページへのアクセスは前年の三倍になっている。寄附者は従来は首都圏に集中しがちであったが(それは本文でもふれられている)、それが全国にひろがる傾向を示しており、これは阪神効果とみてよいだろう。また、あしなが育英会の奨学生の遺児たちは、タイガースのヘルメットのステッカーをみるたびに、自分たちは社会から認められている、自分たちを心配してくれる大人たちが沢山いると感じることができる。この心理的効果は大きい。さらに、以前からあしなが育英会を知ってはいたが、阪神が応援しているのであれば信頼してよいだろうとかんがえて、自分たちも支援したいと申し出てくれる企業、とくに外国企業が増えてきた。

第三。国際的な遺児の連帯を進める交流会におけるニューヨークのテロ遺児、アフガンの戦争遺児の出会い。

あしなが育英会は、二〇〇〇年から毎夏、レインボー・ハウスで、遺児の国際的連帯のための交流会を開いている。これまで、日本の病気遺児たち、震災遺児たちと、台湾やトルコの震災遺児たち、ウガンダのエイズ遺児たちが交流してきた。二〇〇二年の第三回交流会は八月四日から一一日にかけての八日間でおこなわれたが、そこにニューヨークからのテロ遺児とアフガンからの戦争遺児が参加した。欧米の通信社は日本の民間団体による両者の出会いをいっせいに大々的に報道した。一〇歳のウォルターは、二〇〇一年九月一一日の世界貿易センターに乗っ取られた旅客機が突入するテロルで、父親を失った。かれは、事故のショックで右目が完全に失明、左目はかすかに見えるだけである。一三歳のサルダールは、カブール近郊に住んでいるが、両親は内戦で亡くなり、かれ自身も一年半まえに地雷で左足をふきとばされている。

ニューヨークからは七人の遺児が、アフガンからは九人の遺児が参加した。自分史を絵画で表現させれば、アメリカの子どもは崩れ落ちるツイン・タワーを描き、アフガンの子どもは米軍機、燃える爆心地、父親の死体を描いた。かれらの母国は言語と宗教が異なり、それぞれの正義をかかげて政治的に烈しく対立している。しかし、交流会の進行につれて、子どもたちは急速にうちとけていった。ある日、サルダールはウォルターの肩を抱いて「ハロー・トモダチ」と話しかけた。二人はやがて遺児たちの活動の中心人物になっていった。最終日の自分史の時間、遺児たちは親を失った体験をこもごもに語りあう。テロル、戦争、エイズ、地震。すべての子どもたちが泣き、慰めあっていた。エイズ遺児たちの来日の世話をしたあしながウガンダ担当の岡崎祐吉は、会場の報告をしめくくっている。

「世界に数千万の遺児。今年の七カ国・地域九一人の交流から、さらに輪が広がり、やがて地球の全遺児たちが、『連帯』し『自助』できる日まで。『可能性は無限大』の言葉を信じて」。

2

本書の成立過程について覚え書きしておきたいことは多々あるが、それをできるかぎりしぼりこんで、以下をいうにとどめる。

私が本書の執筆をおもいたった時期は、もう正確に記憶していないが、一九九二年か九三年ころであったとおもう。その話題が玉井義臣と山本孝史、私の三人が酒を汲んでいた席ではじめて出て、それは山本の交通遺児育英会事務局長時代の終りちかいころで、九三年六月にはかれが衆議院議員選挙に立候補するために退職したのだから、というのが推論の根拠である。実際に執筆にとりかかったのは九七年に入ってからであったとおもうが、いつものことながら、当時はこの仕事の仕上がりの予定をずっと早くみこんでいた。九八年三月に私は前任校の筑波大学を定年で退任するのだが、それにさきだって、九七年秋に同僚たちを相手に喋った「半生を語る」では、本書を九八年中には刊行するつもりなどといっている。しかし、実際に第一次草稿のすべての執筆がおわったのは二〇〇〇年に入ってからであり、その後、修正をくり返す期間がつづき、現行の形態の草稿が完成したのは昨二〇〇二年の晩秋のことであった。以上のいきさつから、私の気持のなかでは、本書は構想から完成まで一〇年、実際の執筆期間にかぎって六年をついやした仕事と感じられている。

執筆にあたっての材料・情報は大きく三つに区分される。⑴玉井義臣、かれの部下としてはたらいてきた若い運動家たち、交通遺児育英会の大学奨学生出身で各界で活躍している人びと、玉井と親しかった言論人たちや友人などに私がインタビューした記録。インタビューは、ほとんどが九〇分以上のもので、ときに二時間くらいのものがまじり、ひとによっては二度、三度とくりかえし話を聞いた。この長時間インタビューをうけてくださった方々は二六人におよぶ。御名前は後掲する。⑵一九七四年から昨年二〇〇二年まで二九年間にわたって、交通遺児育英会、あしなが育英会が毎年一、二本、合計で三六本、私を主査として実施してきた調査報告と、その仕事に従事しつつ自然とえることになった玉井と交通遺児育英会、あしなが育英会の社会運動にかんする内幕情報。これらの調査は毎年、数人の同学の共同研究者の協力をえて遂行された。共同研究者は全部で二九人におよぶ。御名前は後掲する。⑶『交通遺児育英会二十年史』、『心塾十五年史』をはじめとする両育英会が刊行してきた公式の年史記録、「君と581〜2271」、「NEWあしながファミリー」などの両育英会の機関紙、『交通犠牲者』、『示談』などの玉井義臣の著作にはじまり、両育英会の理事会記録から予算・決算報告、衆議院・参議院の関連する委員会の会議録、各種の官庁統計と民間統計、社会学・経済学などの学術文献から遺児たち、その親たちの作文集まで。これらは例示するだけで、完全なリスト・アップは紙幅の制約ゆえに不可能である。直接に引用したものは本文中で出所を明示しておいた。

長時間のインタビューに応じてくださったつぎの方々に心からのお礼を申し上げる(五〇

あしなが運動と玉井義臣 ― 歴史社会学からの考察（下）

2023年4月14日　第1刷発行

著　者　副田義也《そえだよしや》

発行者　坂本政謙

発行所　株式会社　岩波書店
〒101-8002 東京都千代田区一ツ橋 2-5-5
案内 03-5210-4000　営業部 03-5210-4111
https://www.iwanami.co.jp/

印刷・精興社　製本・中永製本

ISBN 978-4-00-603339-2　　Printed in Japan

岩波現代文庫創刊二〇年に際して

二一世紀が始まってからすでに二〇年が経とうとしています。この間のグローバル化の急激な進行は世界のあり方を大きく変えました。世界規模で経済や情報の結びつきが強まるとともに、国境を越えた人の移動は日常の光景となり、今やどこに住んでいても、私たちの暮らしは世界中の様々な出来事と無関係ではいられません。しかし、グローバル化の中で否応なくもたらされる「他者」との出会いや交流は、新たな文化や価値観だけではなく、摩擦や衝突、そしてしばしば憎悪までをも生み出しています。グローバル化にともなう副作用は、その恩恵を遥かにこえていると言わざるを得ません。

今私たちに求められているのは、国内、国外にかかわらず、異なる歴史や経験、文化を持つ「他者」と向き合い、よりよい関係を結び直してゆくための想像力、構想力ではないでしょうか。

新世紀の到来を目前にした二〇〇〇年一月に創刊された岩波現代文庫は、この二〇年を通して、哲学や歴史、経済、自然科学から、小説やエッセイ、ルポルタージュにいたるまで幅広いジャンルの書目を刊行してきました。一〇〇〇点を超える書目には、人類が直面してきた様々な課題と、試行錯誤の営みが刻まれています。読書を通した過去の「他者」との出会いから得られる知識や経験は、私たちがよりよい社会を作り上げてゆくために大きな示唆を与えてくれるはずです。

一冊の本が世界を変える大きな力を持つことを信じ、岩波現代文庫はこれからもさらなるラインナップの充実をめざしてゆきます。

（二〇二〇年一月）

音順、所属は原則として現在、ときにインタビュー時)。青木公(元朝日新聞社)、伊藤正孝(故人、朝日新聞社)、岩見琢郎(元読売新聞社)、宇井純(元沖縄大学)、大西雅代、小河光治(あしなが育英会)、金木正夫(ハーバード大学)、工藤長彦(あしなが育英会)、桜井芳雄(桜井接骨院)、桜沢健一(警察庁)、下村博文(衆議院)、玉井義臣(あしなが育英会)、天野聡美(画家)、津田康(元毎日新聞社)、西田正弘(あしなが育英会)、西本征央(慶応義塾大学)、林田吉司(あしなが育英会)、樋口和広(元あしなが育英会)、藤村修(衆議院)、山北洋二(あしなが育英会)、山田洋美、山地一男(不動産業自営)、山本孝史(参議院)、由衛辰寿(朝日新聞社)、吉家義雄(元読売新聞社)、吉川明(交通遺児育英会)の二六氏。

両育英会から私に委託された調査において共同研究者として協力してくださったつぎの方々にも心からのお礼を申し上げる。阿部俊彦(あしなが育英会)、石田佐恵子(大阪市立大学)、石元洋子(つくば市社会福祉協議会)、岩崎美智子(鳴門教育大学)、遠藤恵子(城西国際大学)、岡本多喜子(明治学院大学)、樫田美雄(徳島大学)、加藤朋江(城西国際大学)、株本千鶴(椙山女学園大学)、小高良友(東海女子大学)、小林捷哉(故人、白梅学園短期大学)、嶋根克己(専修大学)、嶋根久子、鍾家新(明治大学)、副田あけみ(東京都立大学)、竹中直(聖徳学園幼児教育専門学校)、樽川典子(筑波大学)、時岡新(筑波大学)、中山慎吾(鹿児島国際大学)、野島正也(文教大学)、畠中宗一(大阪市立大学)、半田結(東北公益文科大学)、黄順姫(筑波大学)、藤崎宏子(お茶の水女子大学)、藤村正之(上智大学)、牧園清子(松山大学)、真鍋祐子(国士舘大学)、山田等(弘前学院大学)、吉田恭爾(故人、筑波大学)の二九氏。

本書を執筆しつつ、私は、その草稿にもとづいてつぎの講義をおこなった。一九九七年度、筑波大学の「新社会運動論」、山口大学の「社会学特殊講義」、九八年度から二〇〇二年度までの各年度の金城学院大学の「福祉社会学Ⅱ」。これらの講義の機会をあたえてくれた各大学、および、これらの講義を聴き、レポートなどで若い感受性にもとづく反応を示してくれた学生諸君にも感謝する。さらに一九九七年度の筑波大学大学院博士課程の社会学演習、およびその後身というべき九九年度からの副田研究室の月例研究会・日曜ゼミナールでは、本書の九つの章をできあがるたびに朗読・報告させてもらい、討論してもらった。同ゼミナールの成員は前出の共同研究者でもあった遠藤、加藤、株本、鍾、時岡の五氏である。討論時における各氏の発言のうち秀逸なものの数点は、本文中につかわせてもらった。五氏に感謝する。

なお、最後になったが、副田研究室の先代の秘書・角田小夜氏と現在の秘書・陶山節子氏にあつくお礼を申し上げる。角田氏は、長時間インタビューの起こし作業を自らも担当し、管理もしてくださった。陶山氏は、資料の収集について私のとめどない注文に応じつつ、私の手書き原稿のすべてをパソコンで入力してくださった。また、ひびき法律事務所・田中健一郎弁護士にあつくお礼を申し上げる。田中氏は本書の校正刷りを通読してくださり、法と裁判にかんして、多くの貴重な教示をあたえられた。岩波書店の高村幸治氏にもあつくお礼を申し上げる。高村氏は本書のような地味な大作の出版を推進してくださり、また私の原稿を入念に再度通読し、記述にさいしての公平な配慮の必要に注意を喚起してくださった。

皆様、どうもありがとうございました。

二〇〇三年二月

副田義也

岩波現代文庫版に寄せて
――『あしなが運動と玉井義臣』文庫化に思うこと

玉井義臣

「原稿、上がりましたよ、岩波に送っておきました」

ぬるめの燗酒を含みながら、九〇〇枚に及ぶ大部『あしなが運動と玉井義臣』を書き終えたと副田義也先生は、私にそう言った。年末からの追い込みで、疲労の色は濃かったが、ひと区切りついた満足感からか、声色はやわらかかった。行きつけの小料理屋に誘われて、新年会を兼ねて二人きりでひっそりと祝杯をあげながら、あしなが運動の「これまで」と「これから」を語り合ったのは、二〇〇三年の年が明けてすぐのころだったろうか。

「玉井さん、私は悪い癖がありましてね」

話がひと段落したとき、副田先生がいたずらっぽく笑いながら話し始める。悪い癖って、何でしょうかと問う私に、先生は、大きな仕事を終えると、必ずその中から次の大きな仕事のテーマが浮かび上がってくる、これを片付けないと前に進めない、なかなかやっかいな癖だという。先生との半世紀をこえる長い付き合いで、はじめて聞く話だった。酒を飲むのも忘れて、その悪い癖とやらに聞き入った。

社会運動に関する考え方をおおきくふたつに分けると、ひとつは「思想的正当性」であり、もうひとつは「思想的有効性」であるということから、先生の話は始まった。

——「思想的正当性」とは、その運動が理論的かつ実践的に正しいかどうか、であり、「思想的有効性」とは、その運動が社会、または個人にとって有益であるかどうか、を示す。これまでの日本においては、「思想的正当性」が重視され、「思想的有効性」にかんしては、ややもすれば軽視されてきた。

これらの状況を前提として、あしなが運動をかんがえる。

あしなが運動は、「あしながさん」とよばれる市井の人々からの寄付により成り立ち、国や地方公共体、いわゆる「官」からの補助はいっさい受け取らない。純粋な民間NPOである。「あしながさん」の厚意を「やさしさ」という言葉であらわし、「やさしさこそ福祉の原点であり、それは人間の証しである」とする。また、「幸福は自ら切り拓く」、つまりは自助努力するよう遺児たちを教育し、その結果、「ひとの世は、情けの貸し借り」として、「あしながさん」からのやさしさ(情け)を受けた遺児たちは、自発的に日本のみならず世界の遺児救済運動をはじめている。

あしなが運動は五〇年にわたる社会運動であり、二〇〇二年までに一〇〇〇億円の寄付金を集め、交通遺児、病気遺児、震災遺児たち一〇万人に高等教育への道を拓いた。遺児たちは、政財官マスコミ界にはばたき、大きな業績を残している。「思想的有効性」のみならず、

「思想的正当性」をも証明したと言えるだろう。

あしなが運動は「アフリカ教育100年構想」という、壮大な計画を実現しつつある。「100年構想」は、極貧にあえぐサブサハラ四九カ国から、毎年、各国数人の学生を選抜し、先進諸国の高等教育を受けさせ、彼らの力で、彼らの母国を二一世紀の大国へと導こうとするものである。日本国内において「思想的正当性」を証明したあしなが運動は、世界においてもそれを証明しようとしている。一〇〇年は言葉の綾であろう。すでに幾人かの卒業生を出していて、これから、何人もの俊英が、祖国アフリカの大地で活躍することは想像に難くない——。


ここまで話したあと、先生はこう続けた。

「悪い癖ってのはね、玉井さん、この本では二〇〇二年のあしなが育英会までしか書けなかった。書いていくなかで、これから一〇年、二〇年のあしなが育英会がどうなっていくか、玉井義臣がどのような社会運動家となっていくのか、それが書きたくなった。日本ではレアケースと言える、『思想的有効性』で『思想的正当性』を証明した社会運動の行く末を見届けたかった」

早口で一気にしゃべった先生は、さらに言葉を継いだ。

「アフリカの大地であしなが運動がどのように花開くのか、これは調査に行きたかった。どんなことがあっても、この調査には行きますよ。お約束します。でもね、玉井さん、僕にはあまり時間が残っていないんだ。書かなくちゃいけないない本が、数冊残っている。できないことがわかっているのだけど、悪い癖で、この本の続編が書きたくなってしまう。折り合いをつけるのに一苦労なんですよ」

副田先生とは、半世紀以上にわたる仕事を通じてその生きかたに刺激を受けてきた。はじまりは、交通事故の重度後遺症者調査依頼からだった。当時の先生は、東京女子大学学生部長として、全共闘運動の女子大生闘士たちを相手に悪戦苦闘中だったが、そんななかでも、私が依頼した調査報告書は完璧に仕上げていただいたことを思い出す。

その後、交通遺児にはじまり、災害遺児、病気遺児、自死遺児と毎年調査をおこない、調査報告書を提出いただいた。この間半世紀あまり、私は、調査票に関して、その報告と分析に関して、そして調査費に関して、すべてを先生にお任せしてきた。それらの調査が、あしなが運動のひとつの柱として、運動を支えていたことに深く感謝している。一例をあげるならば、二〇万人におよぶがん遺児家庭の調査を終えて、新聞発表したとき、先生は記者会見でひとこと、「母子家庭が求めているのは『言葉』と『貨幣』」と語った。夫をがんで喪った母子家庭の母親には、温かい「言葉」による心のケアと、子らの奨学金が必要であることを、先生は、わずか一七文字で鋭くあらわしたのだ。反響は大きかった。全国から「あしながさん」のやさしさが母子家庭にふりそそいだ。

この言葉だけではない、記者会見における調査報告では、先生の発する言葉が、そのまま新聞の見出しになった。その時々で遺児家庭が求めているものを、端的に言葉とし、そして、その言葉であしなが運動を日本社会に強く推し進めていったのだ。いや、日本社会だけではない。先生は、あの夜の約束を忘れず、遺児調査では人類発祥の地アフリカの大地を、二度にわたって訪れている。

二〇一七年から、先生は「副田義也社会学作品集」全一八巻(東信堂)の刊行を始めた。その一冊目を私に送ってくださったとき、パーキンソン病で不自由になった指先を震わせて書いた先生の栞が添えられていた。

「謹呈　玉井義臣様　学問と運動の境界で奮戦する君に贈る　副田義也」

この言葉を、私の生涯最後の「よすが」として、亡くなった副田義也先生とともに、あしなが運動に打ち込んでいきたいと決意している。

最後になったが、本書を朝日新聞書評で取り上げ、文庫化にあたっては、解説をお引き受けいただいたオックスフォード大学苅谷剛彦教授、内容すべてにわたって社会学的に丁寧に校閲いただいた鍾家新明治大学教授、本書初版を担当していただいた岩波書店元編集者高村幸治氏、文庫化にご尽力いただいた編集者の藤田紀子氏に、副田義也先生に代わり厚く御礼申し上げる。

（たまい・よしおみ／あしなが育英会会長）

解説　「現場」をもつ社会学の力

苅谷剛彦

本書の「解説」執筆という依頼が私のもとに舞い込んだ理由のひとつは、推測するに、本書が単行本として出版された折りに私がある新聞紙上に書いた書評が関係者の目にとまったからではないか。今からおよそ二〇年前のことである。

書評の見出しには「遺児に教育、支援を　一民間人の奮闘史」という言葉が選ばれた。新聞での書評ということもあり字数の制約もあったが、なるべく多くの読者に本書を手に取ってほしいと願い、官ではない民の奮闘に本書の主題と意義を見つけた。それが見出しとなったのだ。

その一部を紹介する。

(前略)玉井は、二〇代の終わりに交通事故で母親を失う。その死を彼は、高度成長期を背景に急速に進んだ、モータリゼーションが生み出した「社会問題」として受けとめる。個人の悲痛を社会運動へとつなぐ「グリーフ・ワーク(悲しみの仕事)」として、交通事故遺児の高校、大学進学を可能にする奨学事業、交通遺児育英会を六九年に創設。損害保険の制度も不十分、交通遺児の数も、その経済状態もまったく知られていない。そういう時代に、法や制度の不備を社会に訴えつつ、寄付を募り、少しでも多くの遺児に教育の機会を与えようとした。官が手を差し伸べようとしない問題に、一人の民間人が立ち上がった奮闘の歴史だ。

それはまた、教育の記録でもある。育英会は、奨学金を出しただけではない。自分史を語り、勇気を与え合う場としての「つどい」。奨学生に学ぶことの社会的使命感を与えた学寮。会の運営を通じて成長していく若い賛同者。玉井のもとに集まる若者たちの成長の記録が、この運動の生き生きとした様を描き出す。まさに「教育運動」でもあったのだ。

(中略)日本にも、これだけのNGO前史があった。民の力に一縷《いちる》の希望を託したくなる、生きた運動の歴史がここにある。(二〇〇三年五月一一日『朝日新聞』)


最後に出てくる「民の力に一縷の希望を託した」いという思いが「一民間人の奮闘史」という見出しとなった。教育の社会学的研究を中心にしていた当時の私は、本書を教育運動の記録として位置づけることも忘れなかったことがこの文章から窺える。その点については後述する。

ほぼ二〇年後の今、今度は文庫版への「解説」として本書に向き合うことになった。あらためて本書を精読すると、副田義也という社会学者の魅力が随所に現れていたことに気づかされた。本書は、戦後日本の社会変動というマクロな変化を、玉井義臣というひとりの社会運動家に寄り添うケーススタディとしてミクロな世界に焦点づける。そうすることで、日本の一時代を立体的に浮かび上がらせることに成功した、すぐれた「歴史社会学からの考察」だということである。

玉井という社会運動家が生まれる「個人的体験」を描いたI章の直後に、「時代の本質」と題する章がおかれる。そこでは戦後日本の高度成長期が、交通事故や大気汚染といった自動車産業の興隆に伴う負の側面を伴っていたことが統計的事実によって詳述される。それはあまりに急速に、それゆえインフラの整備も不十分なままに経済成長を果たそうとした戦後日本の「圧縮された近代」(Chang Kyung-Sup) の兆候にほかならなかった。交通事故による年間の死亡者が三千人を下回る現在の視点から見れば、一九六〇、七〇年代にはそれが一万六千人を超えた年がいくつもあった事実に驚く。と同時に、高度成長を支えた花形の自動車産業発展の陰に、玉井の個人史に連なる悲劇が重ねられる。

こうした時代背景の「客観的」な描写は、主人公の玉井を生んだ歴史的文脈を描き出す上での鉄則には違いないのだが、副田の筆致はそれに留まらない。こうした時代の本質を当事者自身がどのように受けとめたか。その「主観」にまで視線を伸ばすことで、ミクロとマクロ、主観と客観の交錯の綾を解きほぐす。「社会運動の歴史社会学的考察」としての面目躍如である。そこでは時代の波に抗いながら、交通遺児の救済をめざした社会運動がどのように展開したか、さらには社会運動家としての玉井や、彼を中心に運動の担い手となっていく若者たちが、個人として、あるいは組織として、どのように成長したかが克明に描かれる。そして、このケーススタディを通して、「時代の本質」がえぐり出される。

このような分析のスタイルには、副田義也という社会学者の特長が遺憾なく発揮されている。それはおそらく、同世代の日本の社会学者とは異なり、「現場」をもつ対象を社会学の研究に費やしてきたことに由来するのではないか。日本における福祉社会学の創始者のひとりとして、副田はすでに一九六〇年代から社会福祉という問題に注目した社会学者であった。「現場」という対象をもつ社会学研究は、その現場を生み、制約もする具体的な制度や組織を分析する。さらには、そこに従事する専門家や、そのサービスを受ける多くの人びとを研究の対象にしつつ、そのような当事者たちに研究を通じてどのような貢献ができるかについても考える。その具体性、リアリティ感覚は、外来の理論の考察を中心とした、当時主流派だった日本の社会学者のなかでは異彩を放っていた。社会学に留まらず、その頃の社会科学の少なからずが、「翻訳学問」を中心に展開していた時代だったからである。

私事に属することだが、私自身、東京大学教育学部で教育社会学という専攻に属していた学部学生当時(一九七〇年代後半)、社会学を勉強するために文学部社会学科の科目をいくつも受講した。そのひとつが、副田が非常勤講師として教えた福祉社会学だった。教育という、これもまた現場を抱える社会学である教育社会学を専攻しながらも、(海外の)理論志向に傾倒しがちだった学生時代の私にとって、副田の福祉社会学は、「腑に落ちる」講義のひとつだった。現場をもつ対象を社会学的に研究することの意義を再確認できた機会でもあった。

これは推測の域を超えないが、おそらく現場に寄り添う福祉社会学の研究をしてきたことが、本書の特徴にも現れているのではないか。もちろん、交通遺児の救済というテーマ自体も、福祉の領域に属する。しかしそれに留まらず、社会運動の社会学としてこのテーマを発展させる上で、「現場」との関わり方・アプローチの仕方には、研究対象との絶妙な距離の取り方が必要とされる。それを可能にしたのが、現場をもつ対象を社会学的に研究してきた副田の経験であり学識ではなかったか。

研究対象との関係という点でも、本書には副田と玉井との個人的な関係や、あしなが育英会が副田の研究グループに依頼した調査活動を通じた組織的な関係が、本書の執筆に大きく関わっている。個人的な関係がベースにあると、ややもすれば批判的な指摘の筆先が鈍る。ところが、副田と玉井との関係のあり様によるのか、副田や玉井個人の資質によるのかの判断は私にはできないが、副田の筆致は、そのことの影響をほとんど受けていないように見える。それゆえに、「参与観察者」としての絶妙な距離の取り方が本書で遺憾なく発揮されるのだ。相手の懐に飛び込み接近戦で対象を捉えつつ、相手に抱え込まれ、懐柔されない強靱さを保つ。本書がこのような形をなしえたのも、副田と研究対象との関係の取り様にある。

その点で、本書後半のテーマとなる「教育運動」としてのあしなが育英会の分析においても、副田と対象との関係の取り様の妙が発揮される。関係者へのインタビュー調査や質問紙調査の成果が、本書の分析に厚みと客観性を加えていることは間違いない。それが社会学研究としての強みにもなっている。と同時に、その絶妙な関係の取り様が、観察者としての立場性に貢献する。フィールドと深く関わり、同時にフィールドを第三者的に観察することは、言葉で言えば簡単なようだが、そうではない。信頼関係を基礎にしていたからだろう。玉井の度量にもよるのだろう。本書に含まれるいくつもの批判的な考察や指摘を対象が受け入れることができなければ、このようなケーススタディは「客観性」を失う。さらには、そのような信頼関係がなければ、対象の「主観」に迫る厚い記述や深い理解にも及ばない。このさじ加減を絶妙に示した研究書として、本書は、「現場」をもつフィールドワーカーにとって示唆に富むだろう。そして、そこに副田義也という社会学者の特長を見るのである。その意味で、本書の魅力は、社会運動の歴史社会学的考察という学問的な価値にとどまらず、こうしたフィールドワークを駆使して、玉井義臣という社会運動家の実像に迫るドキュメンタリー、ノンフィクション作品として読者を魅了するところにある、といってよいだろう。

冒頭に紹介した二〇〇三年の書評では、本書の後半部分の「教育運動」としてのあしなが育英会の活動に触れた。あらためて現時点でその部分を読み返すと、玉井の、そして副田の教育の捉え方の特徴が浮かび上がる。本書の記述によれば、教育とは「その本質が人間の成長をめざすはたらきかけであり、社会生活のなかでは学校制度とそれに関連する諸制度においていとなまれる集合行動のシステムである」(下巻一頁)とされる。個人に焦点づけた教育の意味づけが流行《はやり》の昨今の潮流(「個別最適な」学び!)に照らせば、「集合行動のシステム」に注目したこの定義は、時代性を示すと同時に、副田の社会学者としての教育観をも示している。そして、実際に分析対象となるのは、育英会が組織した「つどい」や「心塾」における集団行動であり、それを通じた「人間の成長」「人間づくり」である。そしてここでも、個々人に着目したケーススタディの強みが発揮される。それは奨学生の成長の物語であり、社会運動家へと転身した若者たちの成長物語であり、あしなが運動を支えた「あしながおじさん」の成長物語でもある。そこでは、客観的な記述に徹しつつ、当事者たちの主観に食い込もうとする。「人格」や「人間性」といった抽象的な言葉も使われるが、それぞれの物語の具体性が、その内実を意味あるものに造形する。

さらに今回読み直してみて、副田が、この「集合行動のシステム」にジェンダーバイアスがあったことを見出していた点を再発見した。「男社会」の功罪を指摘することで、この教育運動の問題性をしっかり捉え、論じていたのである。それはまた男性中心のエリート主義的文化の問題点でもあった。重要な問題提起である。社会運動が学びを伴うことを明らかにした点で、本書は、社会運動の社会学に重要な論点を付け加えはした。と同時に、それが教育運動として成立し有効に機能した背景に、社会運動の担い手たちの「男社会」が組み込まれていた点も摘出した。この点で、本書は日本における社会運動の社会学にジェンダーの視点を持ち込んだ初期の成果といえるのではないか。

社会運動史としての本書の圧巻は、交通遺児の減少を背景に、財政的に成功を収めた交通遺児育英会が変化を遂げ、ついには玉井自身が「追放される」過程を描いたⅫ章だろう。そのクライマックスはネタバレになるのでここでは触れないが、このドラマチックな顚末を副田は、「社会運動のライフサイクル」として理論的に意味づける。それは、あしなが運動の「制度とライフスタイル」を理論的に検討した考察と相まって、本書の社会学的研究としてのまとめとなっている。それらを展開したⅩⅣ章のタイトルは「社会運動の社会学への示唆」である。だが、それが終章に置かれたことにはおそらく深い意味が込められていたのではないか。

それまでの考察をふまえて、最後に理論的・学問的な示唆(インプリケーション)について論じるのは、学術書のひとつのスタイルではある。そうではあるが、正直な読後感としていえば、この章がなくても本書は十分に通用する。いや、社会運動の社会学に関心をもたない多くの読者にとっては、この章を読み飛ばすことさえできるだろう。

そうだとすると、なぜ副田がこの章を最後に加えたのかという疑問が生ずる。よりフォーマルな学術書としてのスタイルを最初からとったのであれば、この終章に違和感は生じない。だが、玉井の個人史から説き起こされる本書の構成から見れば、この終章は異質でさえある。にもかかわらず、この章が終章として書かれたのは、私の解釈によれば、あえて理論的な言葉で社会運動の「老衰期」を一般化して論じることで、個別具体的な「あしなが運動」の将来に向け、何らかのメッセージを残したかったからではないか。将来の社会学徒への理論的示唆の装いをまといながらも、当事者たちに「社会運動のライフサイクル」を示すことで、「次」を考える契機を促す。社会学の専門的な文献に言及し、そこで使われるやや生硬な学術用語を借りながらも、当事者たちへのメッセージをさりげなく残す。副田の現場への寄り添い方のひとつがここに表されているのではないか。現場や当事者との不即不離の距離感がここにも示されていると見たのである。

最後に個人的なことに触れる。

副田義也先生は、二〇二一年一〇月八日にご逝去された。八六歳だった。お亡くなりになる三年前の二〇一八年一二月に、私は副田先生と直接お目にかかる機会を得た。玉井義臣氏が後藤新平賞を受賞された記念パーティに、たまたま帰国していた私も招待されたのである。そればかりか、当日、あしなが育英会の副会長でもあった副田義也先生が壇上でご紹介される際に、私も登壇して手短なスピーチをするよう依頼された。そのときの趣旨は、私が二〇〇三年に書いた書評に触れてほしいとのことであった。

このような依頼を受けた経緯についても触れておこう。あしなが育英会は、その後、グローバルな展開を見せる。国内の遺児への支援に加え、とりわけアフリカ・ウガンダを中心に、世界各国の遺児たちへの教育支援に乗り出したのである。それに伴い、世界各地に事務所を設け、そのひとつがロンドンにもできた。そして、オックスフォードで日本研究の大学院を終えた何人かの私の教え子が、ロンドンや東京のオフィスで働くようになっていた。そのための推薦状を書いたりもした。そのような縁から、玉井会長が二〇一七年にイギリスを訪問した際にオックスフォードでランチをご一緒したりもした。その折りに、二〇〇三年の私の書評に「力づけられた」との言葉を玉井氏から頂戴した。このような縁が、学生時代以来の副田先生との再会を可能にしたのである。

お目にかかった際には、先生は車椅子であった。それでも口述筆記で執筆を続けていることを伝えてくださった。私は、学部学生の頃に先生の授業を受け、教育社会学という現場をもつ学問を続けることに勇気づけられたこと、また若い頃に私が最初に出版した著書について、先生がある論文の中で好意的に、しかも長めに言及してくださったことがどれだけ嬉しかったか、自信を与えてくださったかという話を伝えた。

大学教員を退いた後は、学問的生産が衰えるのはごく普通である。ところが副田先生は、七〇代、八〇代になっても意味ある学問的生産を続ける希有な社会学者のひとりだった。その存在は、まもなくオックスフォードでの定年を迎える私にとって、素晴らしいロールモデルである。直接の教えを受けたのは学部時代の一つの講義に過ぎなかったが、先生のご著書からは多くを学ばせていただいた。とくに本書の前後に書かれた『教育勅語の社会史』や『内務省の社会史』からは多くを学んだ。その学恩に少しでもこの解説が応えることができていれば、望外の喜びである。

とはいえ、副田義也が玉井義臣の社会運動・教育運動を社会学者として公平に論じたように、この解説も本書を社会学者として私なりに公平に論じたつもりである。もちろん、それをどう読むかは、一人ひとりの読者に開かれている。

（かりや・たけひこ／社会学・現代日本社会論
オックスフォード大学教授）

本書は二〇〇三年三月、岩波書店より刊行された。